콘텐츠의 정석

일러두기

- 저자 고유의 어투를 살리기 위해 입말을 주로 사용했습니다.
- 표기 및 맞춤법은 국립국어원 표준어 규정을 따랐지만, 콘텐츠 특성상 일부 관용적으로 통용되는 표현이 포함되어 있습니다.
- 본문에 인용된 사례는 독자의 이해를 돕기 위함이며 해당 콘텐츠와는 무관함을 밝힙니다.

사원나부랭이 　　　　　+ 팔로우 　 • • •

콘텐츠의 정석

#누구든지_끌리게_만드는

장근우 지음

👍 좋아요 　　　　💬 댓글달기 　　　　➡ 공유하기

엠아이커이브

처음에는 누구나 처음입니다

안녕하세요. 내 이름 석 자보다는 '사원나부랭이'라는 닉네임이 더 익숙한 장근우입니다. 이 닉네임으로 네이버 포스트에서 3년 넘게 '레고'로 회사 생활 이야기를 연재하고 있지요.

나만의 방식으로 콘텐츠를 만든 덕분에 여러 고마운 기회를 얻을 수 있었습니다. 네이버 포스트 20PICK 에디터 활동을 시작으로, 콘텐츠 기획과 제작이 궁금한 많은 크리에이터를 위해 강의도 여러 번 진행했습니다. 콘텐츠 기획자로 스카우트 요청도 많이 받았고요. 그런 소중한 기회를 여러분도 경험할 수 있도록 길을 열어주고 싶어 이 책을 쓰게 됐습니다.

그동안 쌓인 콘텐츠만큼이나 많은 크리에이터들에게 메일로 콘텐츠에 관한 질문들을 받곤 합니다. 제대로 알려주고 싶었지만 풀 수 있는 공간이 없어 답답했던 마음을 이곳에 모두 풀도록 할게요. 말하기 부끄러웠던 비하인드 스토리 역시 누군가에게는 분명 도움이 될 만한 이야기일 수도 있기 때문에 솔직하게 담아보려 했습니다.

물론 '어라, 고작 사원나부랭이가 책을 써?'라고 생각할 수도 있겠지만, 일단 내 이야기를 들어보세요. 여러분의 시간을 투자해도 아깝지 않을 사람인지는 그 후에 결정해도 늦지 않습니다.

인턴나부랭이,
사원나부랭이가 되다

내게도 인턴나부랭이 시절이 있었습니다. 그 당시에 콘텐츠를 시작한 계기는 아주 단순했어요.

2014년 한글날에 있었던 일입니다. 그날 황금 같은 휴일에 출근한 것도 억울한데, 그런 나를 대놓고 놀리는 친구들 때문에 몹시 화가 나 있었습니다. 일은 손에 잡힐 리 없고, 그저 이 답답한 마음을 풀고만 싶었죠. 그렇게 네이버 포스트에 억울한 심정을 담아 쓰기 시작했습니다. 그것이 내가 올린 첫 번째 온라인 콘텐츠였어요. 회사 불평을 쏟아내기 위해 우연히 시작한 일이었던 거죠.

얼마 지나지 않아 포스트를 회사 대표님이 보게 됐고, 대표님에게 혼날 시나리오를 상상하며 마음을 졸였습니다. 하지만 대표님 입에서는 의외의 말이 흘러나왔죠. 잘 만들었다는 칭찬과 함께 100회까지 연재하면 인턴을 수료하는 것으로 해주겠다는 거였어요. 이 구체적인 목표는 콘텐츠라는 길을 본격적으로 걷는 데 동기부여를 해줬습니다.

그때 다닌 회사가 바로 엠유(MU)라는 브랜드매니지먼트사입니다. 그곳에서 의뢰인을 위한 온라인 콘텐츠를 제작하는 일을 맡고 있었어요. 맞춤 콘텐츠이기 때문에 제작하는 과정에서 상대를 깊게 관찰하는 일이 무엇보다 중요했습니다. 또한 콘텐츠 제작뿐만 아니라 홍보에도 신경 써야 했어요. 의뢰인을 담은 콘텐츠인 만큼 자신을 알리는 데 주로 활용돼, 오프라인에서도 강연회나 인터뷰 섭외 등 의뢰인과 관련된 이벤트를 지속적으로 진행했습니다. 이곳에서 일하며 배운 콘텐츠 인사이트(Contents Insight)는 아래와 같습니다.

- 온라인에서 보여준 콘텐츠(의뢰인의 정보)는 오프라인에서도 동일해야 한다. 즉, 콘텐츠는 곧 '나'가 돼야 한다.
- 온라인 콘텐츠의 지속적인 생산을 위해 오프라인에서도 그와 관련한 활동을 꾸준히 해야 한다.

이 두 가지 사실을 깨달았을 무렵에는 벌써 콘텐츠 100개 연재를 몇 화 앞두고 있었습니다. 그때 마침 소프트웨어개발사 트라이앵글와이드에서 콘텐츠 기획자로 스카우트 제의가 들어왔어요. 그곳에서 연재하던 과정을 쭉 지켜보고 있었던 터라 인턴에서 바로 사원이 됐고, 덕분에 인턴나부랭이에서 사원나부랭이로 닉네임을 바꿀 수 있었습니다.

잔뜩 긴장한 채 첫 출근을 하게 됐습니다. 콘텐츠 업무를 계속 해왔지만 회사 분위기가 완전히 달랐고, 더욱이 뼛속까지 '청산에 살어리랏다, 얄리얄리 얄라셩'으로 무장한 문과생이 IT회사라니, 그것은 신세계나 마찬가지였죠. 아는 IT 관련 용어도 없어 직원들끼리 무슨 대화를 나누는지조차 알아듣기 어려웠습니다.

가장 충격적인 것은 회사에서 일을 주지 않는다는 거였어요. 이 회사의 첫 번째 콘텐츠 매니저로 들어왔기 때문에 일도 알아서 해야만 했습니다. 뭘 해야 하느냐고 물어봐도 돌아오는 대답은 "네가 잘하는 걸로 해" 정도였죠. 하지만 신기하게도 이 단순한 대답은 좋은 지침이 됐습니다. 회사 생활이라는 주제로 포스트 연재를 게을리하지 않았던 내가 가장 잘할 수 있는 일은 바로 회사 생활 연재였으니까요. 그날부터 회사 블로그와 페이스북 페이지를 개설해, 어려운 IT 용어로 독자를 외롭게 만들기보다는 조금 더 흥미를 끌 수 있는 쉬운 회사 생활을 소재로 콘텐츠를 만들기 시작했습니다. 가령 점심과 디저트는 뭘 먹었는지, 회의 시간에는 어떤 걸 했는지 같은 일들을 말이에요.

그 후 재미난 일이 벌어졌습니다. 디자인에 힘을 쓰지 않았는데도 모두들 내가 만든 콘텐츠만 보면 박장대소를 했습니다. 특히 콘텐츠에 등장하는 직원들이 제일 즐거워했어요. 그 과정에서 '콘텐츠란 예쁘게 꾸미는 것만이 답이 아니다'라는 사실을 깨달았습니다. 이전 회사에서는 의뢰인을 소개하는 콘텐츠를 주로 제작했기 때문에 형식에도 신경 쓸 수밖에 없었습니다. 그래서 콘텐츠는 무조건 예쁘게, 멋지게, 튀게 만들어야 한다고 철석같이 믿고 있었죠. 하지만 이곳에서 자유롭게 제작한 콘텐츠는 그렇지 않았습니다. 그저 공감되는 이야기를 콘텐츠로 풀었을 뿐인데도 모두가 즐거워했고, 심지어 거래처의 직원들까지도 우리 회사의 이야기를 궁금해했습니다. 미팅만 하면 "지난주에 내기했다면서요?" 등의 시시콜콜한 이야기까지 주고받기도 할 만큼이요.

- 가장 잘할 수 있는 것을 콘텐츠로 풀어야 한다.
- 꾸준히 소재를 만들려면 일상에서 시작해야 한다.
- 콘텐츠는 예쁘게 꾸미는 게 다가 아니다. 전하고자 하는 내용이 먼저다.

두 회사에서 경험한 다섯 가지 콘텐츠 인사이트는 내가 연재하고 있는 콘텐츠뿐 아니라 기획안을 작성하거나 프로젝트를 진행할 때도 곧잘 쓰입니다. 만약 이 사실들을 알지 못한 채 기존 방식대로 콘텐츠를 만들었다면 어땠을까요? 너도나도 콘텐츠를 만드는 지금, 수많은 콘텐츠 더미에서 살아남지 못하고 묻혔을지도 모릅니다. 또한 3년이 흐르는 동안 콘텐츠 크리에이터로서의 발전도 없었을 거고요.

처음 연재했을 때와 지금을 비교해보면, 인턴나부랭이 시절에 느낄 수 있었던 풋풋함이나 좌충우돌한 실수들은 많이 줄어든 편입니다. 그러나 그때와 변하지 않은 것이 하나 있습니다. 바로 콘텐츠를 통해 나 자신을 있는 그대로 보여주고 있다는 거예요. 이것은 앞으로 어떤 일이 있더라도 변하지 않을 겁니다. 콘텐츠 기획에서 가장 중요한 부분이니까요.

개성 있는 콘텐츠만이
살아남는다

이제 본론으로 들어갑시다. 이 책을 쓰게 된 계기는 콘텐츠를 처음 만드는 여러분께 꼭 하고 싶은 말이 있기 때문입니다. 혹시 이 책에서 콘텐츠를 노출시킬 만한 최신 바이럴 법칙을 기대하고 있나요? 그렇다면 이 이야기를 주목해주세요. 어쩌면 콘텐츠를 제대로 알아가는 기회일 수도 있으니까요.

처음 콘텐츠를 만들 때는 취미활동처럼 자기 마음대로 만들 수 있습니다. 그러나 시간이 지나면 어떨까요? 지켜보는 독자가 늘수록 조금 더 잘 만들고 싶다는 욕심이 생기고, 잘해야 된다는 부담감이 커지면서 여러 고민을 하게 될 거예요. 이런 고민은 제때 해결하는 게 좋습니다. 그렇지 않으면 전처럼 콘텐츠를 쉽게 뚝딱 만들어낼 수 없을 테니까요.

특히나 혼자서 모든 걸 헤쳐 나가야 하는 1인 콘텐츠 크리에이터는 지금 잘하고 있는 건지, 앞으로 어떤 과정을 거쳐야 하는지, 콘텐츠가 쌓이면 어떤 일이 기다리고 있는지 등을 자세히 알려주는 사람이 없어서 궁금증을 해소하기가 매우 어렵습니다. 그럴 때 콘텐츠 관련 서적이나 인터넷을 통해 해결 방안을 찾아보려 노력하는데, 과연 그것들이 도움이 됐을까요?

그곳에서 알려주는 내용은 기대했던 것과 사뭇 달랐을 겁니다. 크리에이터가 콘텐츠를 제작하는 과정에서 생기는 고민에 대한 답을 제시하기보다는 단순히 노출이 많이 되는 방법이나 자극적인 문구로 클릭하게 만드는 방법 등 하나같이 콘텐츠를 비즈니스적으로만 다루고 있기 때문입니다. 유명한 기업의 마케팅 전략이나 바이럴 법칙을 따라하기만 해도 "돈 많이 버는 스타 크리에이터가 될 수 있다"며 금세 유명해질 것처럼 포장해놨지만, 콘텐츠 시장은 생각만큼 만만하지 않습니다. 콘텐츠로 돈을 버는 세계에서의 경쟁자는 늘 개인이 아닌 자본이 많은 기업이기 때문입니다. 기업은 갖가지 방법을 최대한 활용해 콘텐츠로 많은 돈을 벌 수 있겠지만, 우리는 그만한 자본이 없기 때문에 감히 똑같이 따라 해볼 수가 없죠.

문제는 이미 많은 크리에이터 사이에서 "돈이 되는 콘텐츠를 만들어야 된다"는 게 공식처럼 여겨지고 있다는 사실입니다. 나는 여러분께 콘텐츠를 만드는 힘든 여정에서 '콘텐츠를 왜 만들어야 하는지', '어떤 콘텐츠를 만들어야 하는지', '무슨 목표를 세워야 하는지' 등 여러 고민에 대한 구체적인 답을 들려주고자 합니다. 함께 제대로 된 콘텐츠를 만들어봅시다. 여러분만의 독창적인 콘텐츠를 제작할 수 있도록 최선을 다해 돕겠습니다. 다만, 먼저 두 가지 약속을 꼭 지켜주세요.

첫째, 지금까지의 콘텐츠 관련 법칙들은 머릿속에서 모조리 지웁시다.
단순히 '좋아요'나 '하트'를 많이 받기 위해 무슨 요일, 어떤 시간에 올려야 할지 고민하는 습관은 이제 버려도 좋습니다. 개성도 없이 그저 유행하니까 쓰는 해시태그(#)와도 당당하게 안녕을 외치세요. 검색 결과에 많이 노출되는 콘텐츠보다 사람들이 알아서 찾아오는 콘텐츠를 만들어보는 겁니다.

둘째, 이제부터 눈에 보이고 귀에 들리는 모든 것을 콘텐츠라고 생각합시다.

크리에이터라면 주변에 일어나는 일 모두를 기록해야 합니다. 그래야 잊지 않고 콘텐츠로 써먹을 수 있으니까요. 어떤 물체를 바라보는 시선, 소리, 순간 떠오르는 생각들이 모두 콘텐츠입니다. 아무리 사소한 것이라도 놓치지 마세요. 우리는 타인에게 눈으로 보여줄 수 있는, 증명할 수 있는 콘텐츠를 만드는 사람들이니까요.

그동안 크리에이터로서 의미 있고, 독자도 함께 즐거워할 수 있는 콘텐츠를 만들기 위해 노력했습니다. 내 이야기를 사랑해주는 독자에게 비즈니스적으로 대하기보다는 사람 대 사람으로 소통을 나누면서 말입니다. 여러분도 바이럴 법칙을 따라하지 않아도 많은 독자에게 사랑받는 콘텐츠, 온라인에 기록할수록 자신을 증명할 수 있는 이야기를 함께 만들어봅시다. 이제부터가 시작입니다.

CONTENTS

• • • •   ⟩

Chapter 1

후쿠오카를
가장 좋아하는 사람은
누구일까

#콘텐츠의_시작

01

증명

● ● ● ● ● ● ● ●

우리 회사에서 후쿠오카를 가장 좋아하는 사람은 누구일까요?

바로 '장근우'입니다. 예상했겠지만, 내 이름입니다. 2017년 상반기에만 벌써 세 번이나 다녀왔어요. 혹시 숨겨둔 여자 친구가 있는 건 아닌지 농담 삼아 물어볼 정도입니다. 워낙 자주 가다 보니 회사 동료들은 자연스레 후쿠오카 여행 일정을 짜는 데 종종 도움을 구하곤 해요. 그뿐만이 아닙니다. SNS에 후쿠오카 관련 글과 사진을 자주 올리다 보니, 그곳에 가려는 지인들에게까지도 연락이 옵니다. '어디가 좋은지', '꼭 사야 할 건 뭔지', '맛있는 건 어디서 파는지' 등 질문도 다양하죠.

여기서 중요한 점이 있습니다. 나는 단 한 번도 "후쿠오카에 대해 궁금한 게 있으면 저에게 물어보세요!"라고 홍보하지 않았다는 사실입니다. 그런데 그들은 왜 굳이 내게 물어보는 걸까요?

그 이유는 그곳과 관련된 이야기를 끊임없이 사람들에게 보여주고 들려줬기 때문이에요. 정보의 비중을 많이 차지하는 콘텐츠 크리에이터가 곧 그것을 대표하는 브랜드가 됩니다. '장근우'라는 크리에이터가 후쿠오카 사진을 하나만 올렸다면, 독자는 그저 '일본에 갔다 왔구나' 정도로만 생각할 거예요. 하지만 그곳과 관련된 '양질의 콘텐츠'를 자주 제공하기 시작하면 이야기는 달라집니다. '후쿠오카' 하면 자연스레 '장근우'가 떠오를 테니까요.

특정 한 분야에 관심이 있나요? 그렇다면 당당하게 '덕후'의 모습을 드러내세요. 더 이상 말로 설명하지 않아도 그 분야에 관해서만큼은 '나'를 전문가라 여길 겁니다.

✅ 덕후입니다만, 무슨 문제라도?

민낯 드러내기

예전에는 덕후의 이미지가 썩 좋지만은 않았습니다. 몇 년 전 뜨거운 화제를 모으며 방영한 〈화성인 바이러스〉란 TV 프로그램에서 보여주었듯, 덕후는 피규어를 수집하거나, 어떤 한 색상만 고집한다거나, 거실에 구두를 잔뜩 진열하는 등 하나에 병적으로 집착하는 사람이라 여겼으니까요. 나도 그들을 보며 "저런 거 할 시간에 공부나 하지" 하고 혀를 끌끌 차곤 했죠. 세월이 흐른 지금 다시 생각해봅니다. TV에 출연했던 그들은 어떤 하나에 집중하느라 시간이 없었다면, '시간이 남아돌던 나는 왜 공부를 하지 않았을까', 또는 '그때 나도 덕후의 기질을 다분히 가지고 있었다면 한 번쯤 TV에 나오지 않았을까' 하고요.

요즘은 "나 ○○ 덕후야!"라고 말해도 아무렇지 않은, 소위 '덕질'을 하는 사람들이 차고 넘칩니다. 심지어 경제력을 갖춘 어른들도 '키덜트 (kidult)'라는 새로운 덕후 대열에 합류할 정도로요. 키덜트란 아이를 뜻하는 키드(kid)와 어른을 의미하는 어덜트(adult)의 합성어로, 어른이 돼서도 아이들의 물건이나 문화를 즐기는 사람을 말하죠. 기회가 된다면 마트나 백화점의 레고 코너에 한번 들러보세요. 아이들도 많지만, 그 옆에서 아빠들이 레고 박스를 만지작거리며 고민하는 모습도 쉽게 볼 수 있을 거예요. 그들은 아마 아내에게 잔소리를 듣더라도 득템할 건지 고민하고 있겠죠.

우리 같은 덕후는 혼자만 즐기지 않습니다. 자고로 덕질은 함께 즐길 때 비로소 완성되거든요. 관심 분야가 같은 사람들과 약속한 장소에서 정기적으로 모임을 가지면서 말이에요. 만나면 굉장히 어색할 것 같지만, 의외로 같은 분야에 빠진 사람과 대화하다 보면 이야기는 쏟아져 나오게 됩니다. 이처럼 정해진 장소와 시간에 실제로 만나 모임을 갖는 '오프라인(offline) 활동'은 모두가 모이고 만날 수 있는 적당한 장소와 시간을 정해야 한다는 치명적인 단점이 있어요. 참여자가 많아질수록, 모임의 규모가 커질수록 많은 사람이 한 번에 모이기란 여간 쉽지 않을 겁니다.

반면 '온라인(online) 활동'은 인터넷을 통해 아주 간단한 방법으로 자신과 관심 분야가 비슷한 사람을 만날 수 있습니다. 영상을 촬영해 유튜브에 올리거나, 블로그에 글을 쓰거나, 페이스북에 사진을 올리기만 하면 되니까요. 그러므로 굳이 누군가와 시간을 정해 만나지 않아도, 심지어 크리에이터가 잠든 시간에도 정보를 공유할 수 있다는 장점이 있어요. 이제 막 크리에이터가 된 사람에게 이보다 더 좋은 활동 공간이 있을까요? 크리에이터에게 온라인은 독자와 만나는 장(場)이자, 기회를 연결하는 중요한 통로가 됩니다. 이곳에서 '나'를 마음껏 드러내세요. 그것만으로도 여러분은 이미 특별한 크리에이터가 될 테니까요.

✅ 콘텐츠 100개만 연재해보자
구체적인 목표 설정

콘텐츠를 처음 시작하면 누구나 한 번쯤 이 고민에 빠집니다.

'이제 막 쓰기 시작했는데, 아무도 안 읽으면 어떡하지?'

사진과 영상도 추가하면서 열심히 만든 콘텐츠의 조회수가 '0'일 때, 소심해진 마음에 글을 비공개하거나 삭제해버리는 일이 다반사죠.

실제 이메일로 이런 고민을 상담해오는 분들이 많습니다. 그러나 처음부터 사람들에게 주목받을 거라는 생각은 그야말로 근거 없는 자신감입니다. 그저 유명해지고 싶다는 막연한 소원일 뿐, 실현 가능성은 거의 없다고 볼 수 있죠.

처음 콘텐츠를 만들 때, 우리는 좀 더 단순해질 필요가 있습니다. 레고를 주제로 운영하는 두 블로그를 예로 들어 비교해보겠습니다.

A블로그와 B블로그의 게시물 비교

항목	A블로그	B블로그
전체 게시물 개수	총 980개	총 20개
레고 관련 게시물	· 제품별 상세 정보 180개 · 창작 레고 조립 550개 · 행사 참여 후기 110개 · 해외 매장 방문기 56개 · 독특한 전시 방법 84개	· 제품 리뷰 6개 · 호환 레고 구매 후기 2개
기타 게시물	없음	· 소래포구 맛집 리뷰 2개 · 동네 대형마트 방문 후기 4개 · 일기 6개
업로드 주기	1주 평균 3개	주기 일정치 않음

군이 설명하지 않아도 A블로그에 신뢰가 가는 건 당연합니다. 실제로 사람들은 A블로그의 운영자를 만나본 적 없지만 그를 긍정적으로 평가합니다. 생김새나 옷차림, 직업이 아닌 기록된 콘텐츠의 합으로 '이 사람은 꾸준히 해!', '이 분야에 열정이 있어! 믿음직해!'라고 판단하는 거예요. 게다가 어떤 사람은 그를 '레고 분야의 전문가'라고 부르기도 해요. 반면 글이 달랑 20개 있는 블로그에는 사람들이 어떻게 생각할까요? 글을 올리는 주기도 일정하지 않을 뿐더러 특정 분야(레고)와 상관없는 이야기를 싣는 등 블로그의 주제가 명확하지 않기 때문에 독자가 관심을 가지기 어렵고, 신뢰도 쉽게 쌓이지 않습니다.

심각한 문제는 대부분의 크리에이터가 B블로그처럼 운영하면서 사람들이 많이 봐주길 바란다는 겁니다. A블로그의 운영자는 980개에 이르는 콘텐츠를 만들기까지 엄청난 고생이 뒤따랐을 거예요. 회사에 일이 많아 새벽 늦게 퇴근할 때도 블로그를 찾는 사람들을 위해 잠을 줄여가 며 콘텐츠를 만들었을 테니까요. 그러나 대부분 이런 과정을 뛰어넘고 싶어 하죠. 어떤 사람은 이런 과정을 모르고 시작했다가 사서 고생하기 싫다며 금방 포기하기도 합니다.

여러분이 만든 콘텐츠를 아무도 보지 않는다고 해서 슬퍼하긴 이릅니다. 첫술에 배부를 순 없으니까요. 시작한 것 자체가 대단한 겁니다. 그러므로 남들보다 느린 건 상관없습니다. 블로그 하루 방문자 수 1,000 명에 도달하는 것, 콘텐츠를 예쁘게 꾸미는 것 등에 목표를 두지 말고 콘텐츠를 좀 더 쌓아갈 수 있는 목표를 갖는 게 중요해요.

나는 "회사 생활 콘텐츠 100개를 연재하겠다"는 명확한 목표를 가지고 시작했습니다. 부가 설명이 필요한 목표는 꿈이자 허상에 불과하기 때문이죠. 하지만 처음 콘텐츠를 시작하려는 사람들은 대개 추상적이고 모호한 목표를 설정하곤 해요.

목표는 반드시 지킬 수 있는 것이어야 하며, 한 줄로 정리할 수 있어 야 합니다. 콘텐츠 제작을 하면서 연재만 앞두고 있으면 마냥 하기 싫어 지고, 뭘 해야 할지 막막할 때마다 이 목표는 흔들리는 '나'를 붙잡을 수 있거든요. 하지만 그럴 때 추상적인 목표는 목표다운 역할을 제대로 수행하기가 어렵습니다. 중심을 잡을 만한 문구가 없으니까요.

반면 콘텐츠의 방향성이 명확한 목표는 매일 조금씩 성장하는 자신을 느낄 수 있습니다. 특히 숫자를 포함하면 구체적인 목표를 세우는 데 도움이 되죠. 다이어트를 할 때도 무작정 '살 뺄 거야!'보다 '5kg 뺄 거야'가 훨씬 도움이 되는 것처럼요. 단, 세상은 너무나 빨리 변하므로 1년 이후

잘못된 목표

- 독자를 기쁘게 만들기
- 콘텐츠에 흥미 붙이기
- 즐거운 마음으로 제작하기
- 좋은 사람들 만나기

명확한 목표

- 한 달 안에 독자 3명 만나기
- 3개월 안에 네이버 메인에 소개되기
- 6개월 안에 관련 전문가 6명 인터뷰하기
- 1주에 2회 연재로 1년 안에 콘텐츠 100개 달성하기

의 목표를 세우는 것은 지양합니다. 오늘 유효했던 콘텐츠의 기준은 내일이 되면 바뀔 수도 있으니까요. 중요한 것은 목표를 향해 꾸준히 달려나가고 있는지, 그것을 증명할 수 있는지를 확인하는 데 있습니다.

✅ 인기는 꾸준함과 비례한다

크리에이터의 태도

콘텐츠 100개를 어떻게 연재하느냐고요? 당연히 꾸준히 할 수밖에요. 최근 회사 생활을 연재하는 네이버 포스트와 다른 성격의 SNS를 동시에 운영하고 있습니다. 바로 페이스북입니다. 후쿠오카를 다녀온 후, 〈후쿠오카 혹가〉라는 페이지를 만들어 운영하고 있어요. 후쿠오카의 진짜 모습을 알려주고 싶었기 때문입니다. 료칸보다 훨씬 저렴하지만 알차게

온천을 즐기는 법, 나만 알고 싶은 전망 좋은 하카타역 카페 등 블로그에서 흔히 추천하는 코스 말고, 직접 다녀 보고 겪었던 정보만을 올리고 있어요. 화려하게 꾸미지도 않습니다. 찍은 사진과 간단한 글, 위치 정보만 올리고 있거든요.

그래서 페이지가 잘 나가냐고요? 잘 나간다고는 못합니다. 언제 잘될지도 모르죠. 괜찮습니다. 어쨌든 후쿠오카에 대해 정보가 필요한 사람들은 계속해서 찾아올 것이고, 또 지켜볼 테니까요. 그리고 크리에이터로서 여행에서 느끼고 경험한 것들을 최대한 기록으로 남기는 동시에 독자에게 '와, 이건 정말 대박이다' 싶은 여행 정보를 알려주는 데에 중점을 두고 있으니 상관없습니다. 그러나 모든 크리에이터의 마음이 내 마음과 같진 않을 거예요. 인기를 얻는 일이 가장 중요할 테니까요.

여러분의 콘텐츠가 독자의 사랑을 받길 원한다면 콘텐츠를 꾸준히 만들고 올리는 습관부터 길러야 합니다. 독자가 읽고 싶어 하는 콘텐츠는 크리에이터의 성실함으로 완성되니까요. 내가 바로 그 증거입니다. 3년 동안 매주 토요일마다 연재하고, 목표인 '콘텐츠 100개 업로드하기'도 달성하니 삶이 변하기 시작했거든요. 첫 콘텐츠 조회수는 10회에 불과했지만, 지금은 평균 만 단위로 많은 독자가 찾아보는 콘텐츠가 됐죠. 그만큼 성실했던 덕분에 여기저기서 사람들이 찾아와 인터뷰를 하고, 콘텐츠 강의 의뢰가 들어오고, 네이버 포스트 20PICK 에디터로도 활동했으며, 콘텐츠 기획자로 스카우트 제의를 받기도 했어요.

여러분의 콘텐츠는 시간이 지날수록 발전해나갈 겁니다. 꾸준히만 한다면 말이죠. 그러니 처음부터 완벽하지 않아도 됩니다. 소재가 없다고요? 콘텐츠를 만드는 순간 소재가 생깁니다. 너무 어렵게 생각하지 마세요. 이것저것 콘텐츠로 기록하다 보면 분명 어느 한 분야에서 전문가가 돼 있을 겁니다. 나도 처음부터 회사 생활을 탐구하지 않았습니다. 스트레스 풀려고 끼적인 게 지금에 이르렀죠. 게다가 본격적으로 레고를 이용해 연재를 시작한 건 54화부터입니다. 꾸준히 연재한 덕분에 그때부터 나만의 콘텐츠를 구축할 수 있었던 거예요.

오늘 업로드한 콘텐츠는 1년 뒤, 크리에이터로서의 귀중한 기록이 될 겁니다. 그때까지 독자에게 듣고 싶은 말을 상상하며 꾸준히 만들어보세요. 나는 이런 말을 듣고 싶네요.

"200화 연재한 거 축하드려요!"

✓ 좋아하는 것과 잘하는 것
초보 크리에이터의 소재 찾기

꾸준히 연재할 수 있으려면 우선 자신이 정기적으로 콘텐츠를 제작할 '소재'가 있어야 합니다.

소재를 찾는 아주 간단한 방법이 있습니다. 우선 자신이 좋아하는 것과 잘하는 것을 적어보는 거예요. 최대한 많이 적어본 뒤, 그 중 가장 좋아하는 것과 가장 잘하는 것을 서로 이어보세요. 그러면 자신이 오랫동안 연재할 수 있는 소재를 찾을 수 있을 겁니다.

오래 연재할 수 있는 소재 찾기

좋아하는 것 (나만의 취미)	잘하는 것 (자타가 공인하는 기술)
· 레고 피규어 모으기	· 긴 이야기의 줄거리 요약하기
· 드럭스토어 신상품 체험하기	· **레고 피규어 사진 촬영하기**
· GTA5 플레이하기	· 최저가 사냥하기
· 이불 덮고 에어컨 쐬기	· 기획안 만들기(도형으로 표현하기)
· **회사에서 있었던 일 이야기하기**	· 클라이언트의 고민을 듣고 아이디어 내기

내가 만들 콘텐츠 소재는?

 ex. 회사에서 있었던 일을 레고로 표현하기

먼저 내가 작성한 예시부터 살펴보죠. 간단하게 다섯 개씩만 작성해 봤어요. 그 중 내가 가장 좋아하는 일인 '회사에서 있었던 일 이야기하기'와 가장 잘하는 일인 '레고 피규어 사진 촬영하기'를 선택했습니다. 둘을 서로 연결하니 '회사에서 있었던 일을 레고로 표현하기'라는 콘텐츠 소재가 만들어졌어요. 마찬가지로 이 작업을 콘텐츠 강의에서도 진행했습니다. 한 주 동안 고민을 거듭한 수강생들은 각자의 소재를 선정했죠. "야옹아 멍멍해봐!"와 같은 찰진 드립의 고양이 양육 일기부터, '디자인보다 열심히 하는 발레', '엄마도 하는 포토샵' 등의 이야기까지 다채로운 소재가 나왔습니다. 자신만의 콘텐츠 틀을 마련한 셈이죠.

다음 표를 작성해보세요. 여러분만의 독특한 소재가 정해질 겁니다.

오래 연재할 수 있는 소재 찾기

좋아하는 것 (나만의 취미)	잘하는 것 (자타가 공인하는 기술)
.	.
.	.
.	.
.	.
.	.
.	.
.	.
.	.
.	.
.	.
.	.
.	.
.	.

내가 만들 콘텐츠 소재는?

소재를 찾는 팁 하나를 알려드리죠. 바로 나가서 실컷 노는 겁니다. 소재는 머릿속에서 찾는 게 아니라 경험에서 얻는 거니까요. 아무것도 하지 않고 얻을 수 있는 것은 없습니다. 크리에이터의 경험으로 빚어낸 재미난 콘텐츠를 만드세요. 그러면 반드시 독자에게 오래 기억되는 콘텐츠가 될 겁니다.

02

연결

● ● ● ● ● ● ● ● ●

초등학생 시절, 일기 쓰는 숙제만큼 귀찮은 일은 없었습니다. 대충 끼적이고는 선생님에게 검사를 맡곤 했죠. 십여 년이 지난 지금, 어렸을 적 그렇게도 쓰기 싫어했던 일기장을 누군가 버리라고 한다면 과연 그렇게 할 수 있을까요?

이것은 강의를 할 때마다 수강생들에게 물어보는 질문이지만, "버릴 수 있다"고 대답한 사람은 단 한 명도 없었습니다. 그럴 수밖에요. 초등학교 6년 동안 삐뚤빼뚤한 글씨로 적은 소중한 추억이 모두 일기장에 담겨 있으니까요. 엄마와 산으로 나물 뜯으러 간 날, 무척 예쁘게 키웠던 두 강아지의 이야기, 친구와 껌 하나 때문에 싸운 날 등 사소하지만 특별한 일들이 차곡차곡 쌓여져 있죠.

지금도 우리는 일기를 쓰고 있습니다. 블로그, 포스트, 브런치, 유튜브와 같은 온라인 공간에 말입니다. 비록 일기장의 형태는 달라졌지만 삶을 기록한다는 측면에선 같다고 볼 수 있어요. 가능한 오래오래 기록하세요. 일기장은 혼자만의 보물이지만, 우리의 콘텐츠는 검색을 통해 타인과 공유하며 함께 즐길 수 있는 모두의 보물이 될 수 있습니다.

✅ 모두가 나를 알아본다
독자와 연결된 온라인

2016년 7월, 'Mouse로 완성하는 Mouth'라는 콘텐츠 강의를 진행한 적이 있습니다. 콘텐츠 제작과 스토리텔링 능력을 높이는 것이 강의의 목표였어요. 이곳을 찾아온 수강생들 모두 내가 연재하는 〈그 남자의 사회생활〉 시리즈를 지켜보던 구독자였습니다. 강의를 마치고 나오면 모두들 "정말 재미있게 잘 보고 있다", "꼭 만나고 싶었다" 등 귀가 빨개지도록 칭찬해주곤 했죠.

하지만 만약 콘텐츠 연재를 하나도 하지 않고 강의를 진행했다면 어땠을까요? 강의에 찾아오는 사람이 과연 있었을까요? 아마 자리도 텅텅 비고, 내 마음도 텅텅 비어버린 듯 허무했을 겁니다. 내세울 만한 콘텐츠가 없다면 선뜻 유익한 강의일 거라고 믿기 어려웠을 테니까요. 또한 이들 중 누구도 나의 외모, 학력, 나이, 옷차림 등을 먼저 따져본 뒤 강의에 오지 않았습니다. 앞서 말했듯, 크리에이터로서의 정체성을 결정짓는 건 외모나 스펙이 아니라 바로 콘텐츠, 즉 '온라인 기록'이니까요.

온라인을 통해 노출된 콘텐츠는 독자가 콘텐츠 크리에이터를 판단하는 기준이 됩니다. 그러므로 크리에이터는 자신만의 이야기로 독자에게 '나'는 누구인지, 무엇을 하는 사람인지, 관심 분야를 꾸준하게 파고들고 있는지를 보여줄 수 있는 방법을 찾아야 해요. 처음에는 그저 여러분의 하루를 일기로 담아내듯이 콘텐츠를 제작해도 좋습니다. 그 하루는 자기 자신이 제일 잘 아니까요. 퇴근하다 길고양이를 마주친 이야기를 써도 좋습니다. 날씨가 너무 좋아 하늘 사진을 찍었나요? 아주 훌륭한 소재입니다. 그것을 온라인 공간에 올리는 것만으로도 정말 큰 용기를 낸 거니까요.

내가 네이버 포스트 20PICK 에디터로 활동할 수 있었던 것은 내가 겪은 일을 하나의 에피소드로 솔직하게 풀어냈기 때문입니다. 내용은 이렇습니다. 출근길 2호선에서 어떤 외국인이 수많은 사람 중 하필 내게 노량진 가는 길을 물었죠. 당황스러웠지만, 그래도 대답은 해야 할 것 같았어요.

> "아. 그러니까 당산 스테이션(station)에서 게링 오프(getting off) 하고, 라인 넘버 나인(line No. 9)으로 트랜스퍼(transfer) 하세요."

신기하게도 외국인은 내 말을 알아들었습니다. 이 기이한 경험을 포스트에 연재했고, 이 콘텐츠를 본 네이버 담당자가 직접 내게 연락을 했죠. 이때 깨달았습니다. '누가 보든 말든 계속 연재를 해야겠구나' 하고 말이에요. 크리에이터는 콘텐츠를 온라인에 올리는 것만으로도 다양한 기회를 얻을 수 있습니다. 모두가 여러분의 진가를 알아볼 때까지 열심히 기록하세요. 그것만큼 중요한 일은 없습니다.

✅ 사람은 살아서 기록을 남긴다
온라인 기록의 중요성

이런 속담이 있습니다.

호랑이는 죽어서 가죽을 남기고, 사람은 죽어서 이름을 남긴다.

이제 이 속담은 이렇게 바뀔 때가 됐습니다. 조금 더 정확하게요.

호랑이는 죽어서 가죽을 남기고, 사람은 살아서 기록을 남긴다.

　1년 전, 여러분이 살아있었다는 증거로 무엇을 말하겠습니까? 병원 진료 기록, 카드 사용 내역과 같은 여러 가지 기록들을 증거로 설명할 수도 있겠지만, 사실 이 질문을 한 이유는 단순히 '살아있었다'는 증거를 듣기 위해서가 아닙니다. 보다 디테일하게, '자신의 분야'나 '자신의 일터'에서 꾸준히 노력한 증거가 있는지, 그것을 대답할 수 있는지를 알기 위해서죠. 이때 눈으로 볼 수 있는 사실이 있다면 굳이 대답할 필요는 없을 겁니다. 이러한 조건을 종합해보면, 온라인 기록이야말로 '살아있었다'는 증거로 충분하지 않을까요?
　본격적인 콘텐츠 기획과 제작에 앞서 온라인 기록의 중요성부터 이야기하고 있습니다. 크리에이터들이 갖기 쉬운 '잘못된 마음'을 바로잡기 위해서죠. 여러분도 혹시 '스타' 크리에이터가 되고 싶나요? 흠칫했다면 어서 마음을 고쳐먹읍시다. 크리에이터 자신이 아닌 콘텐츠 자체가 스타가 돼야 한다고 말이에요.

스타가 되려는 사람들은 콘텐츠 제작 과정에서 자연스럽게 '바이럴 법칙'에 중점을 두게 됩니다. 단시간에 쭉쭉 오르는 조회수와 사람들의 적극적인 참여를 원하기 때문이죠. 하지만 이 법칙을 나만 알고 있을까요? 누구나 알고 적용하기도 쉬운 이 법칙은 콘텐츠가 범람하고 있는 시대에서 얼마나 효과적인지 증명하기가 매우 어렵습니다. 더더욱 크리에이터로서 오래 활동하고 다른 사람들로부터 인정받고 싶다면, 이러한 법칙에서 하루빨리 벗어나는 것이 좋습니다.

유행도 마찬가지예요. 시기적절한 유행을 자신만의 방법으로 표현하는 건 크리에이터의 센스입니다. 하지만 콘텐츠의 정체성도 제대로 확립하지 않은 채 무작정 유행하는 것만 따라하다 보면 주객이 전도될 수밖에 없습니다. 어느새 여러분의 머릿속엔 '어떻게 해야 좋은 콘텐츠를 만들까'보다 '어떻게 해야 좋아요를 많이 받을 수 있을까'에 대한 고민으로 가득 차게 될 거예요. 이러면 곧 재미없는 콘텐츠만 만들게 되겠죠.

재미없는 콘텐츠에는 몇 가지 특징이 있습니다. 첫째, 독자에게 빨리 보라고 합니다. 둘째, 독자의 참여를 강요합니다. 태그(@)로 친구들을 부르게·만들죠. 셋째, 독자와 소통하지 않습니다. 이외에도 무분별한 해시태그나 링크 유도와 같은 다양한 바이럴 법칙을 적용한 콘텐츠들이 모두 여기에 속합니다. 이러한 콘텐츠는 크리에이터가 전하고자 하는 메시지를 불분명하게 만들며, 재미는 물론 개성도 없고 유익하지도 않죠. 그저 "난 좋아요를 많이 받기 위해 열심히 바이럴 법칙을 적용했어!"라고 변명할 수는 있겠지만 좋은 콘텐츠를 만들기에 실패했다는 점은 변하지 않아요. 그러니 이렇게 말하고 싶은 크리에이터는 단 한 명도 없을 거예요.

그럼 어떻게 해야 좋은 콘텐츠를 만들고, 오랫동안 크리에이터로서 활동할 수 있을까요? 이에 대한 답을 구하고자 한다면, 우선 콘텐츠 하나하나를 쌓아가는 과정에서 무슨 일이 생기는지 어떻게 해야 콘텐츠로 자신이 누구인지 증명할 수 있는지부터 알아야 합니다.

사실 알고 보면 온라인도 결국 사람이 사는 공간이기 때문에, '나'라는 크리에이터가 'A'라는 독자의 신뢰를 얻기 위해서는 끊임없이 서로 소통을 해야 합니다. 배꼽 빠지게 웃긴 이야기를 콘텐츠로 만들어 올렸다고 생각해보세요. 웃기긴 하지만, 초면인 '나'에게 신뢰를 느끼기는 어려울 겁니다. 대신 '나'와 많은 대화를 나누고, 서로의 꿈이나 취미가 비슷하다는 것을 알아가는 과정에서 조금씩 신뢰가 쌓이겠죠. 즉, '나는 누구인가', '무엇을 하고 있는가', '무슨 생각을 하고 있는가', '누구를 만나고 있는가' 등의 자잘한 정보들이 온라인, 특히 콘텐츠를 통해 드러나야 비로소 독자가 콘텐츠에 공감할 수 있게 되고, '나'라는 사람에 대해 더욱 궁금해 하며, '나'의 미래까지 기대하게 됩니다. 이 말은 곧, 그들이 '나'의 열렬한 독자가 된다는 의미이기도 해요.

아직 콘텐츠를 제작한 지 얼마 안 됐는데 벌써 구독자가 생겼다고요? 그렇다면 독자가 '정기적으로' 구독할 만큼 충분히 매력적인 콘텐츠를 생산해내고 있다는 의미입니다. 하지만 이에 자만하지 말고, 기대에 더욱 부응할 수 있도록 크리에이터 역시 '정기적으로' 콘텐츠를 제작해 올려야 한다는 사실을 잊지 마세요. '나'의 콘텐츠를 보고 공감해줄 독자가 있다는 게 얼마나 멋지고 고마운 일인지도 잊지 말아야 합니다. 잠깐, 여기서 또 한 가지 질문이 생길 수도 있습니다.

"내 콘텐츠인데 무조건 독자에게 맞춰야 하나요?"

그렇지 않습니다. 독자는 이미 콘텐츠에서 보인 크리에이터의 개성에 반해서 구독을 시작한 거니까요. 앞으로도 '나'답게 하는 것이 좋습니다.

◉ 쉽게 만들면 쉽게 그만두기 마련
유행만 좇는 콘텐츠1

2014년 10월 17일, 드라마 〈미생〉이 방영되고 선풍적인 인기를 끌자 네이버 포스트에도 회사 생활과 관련한 이야기가 쏟아져 나왔습니다. 연예계 소식에 관심도 없고, 자취방에 TV도 없던 나는 드라마 〈미생〉이 방영된다는 사실을 알기 전까진 '설마 내가 연재하니까 다 따라하는 건가?'라고 착각했을 정도였어요. 그렇다면 3년이 지난 지금, 회사 이야기를 쓰던 그들은 아직도 남아 있을까요?

놀랍게도 모두 흔적도 없이 사라졌습니다. 네이버 포스트에 '회사원'을 검색해보면 몇몇 동료 에디터를 제외하고, 기관이나 기업 계정이 대부분인 게 그 증거죠. 그들이 연재를 그만둔 이유는 무엇이었을까요? 〈미생〉이 처음 방영되던 2014년 10월 17월부터 2년 치인 2016년 10월 17일까지 네이버 포스트에 게시된 4,722개의 '회사원'을 검색한 결과, 사라진 크리에이터들에겐 세 가지 공통점이 있었습니다.

먼저 그들은 회사원으로서 쉽게 공감되는 것들을 주 소재로 삼았습니다. 대부분 스트레스를 풀 목적으로 회사 생활을 불평하는 내용으로 연재했고, 내용과 상관없이 독자의 눈길을 끌기 위해 신문기사 헤드라인처럼 자극적인 제목만을 추구했죠. 이처럼 별 개성 없이 공감과 자극으로만 이뤄진 콘텐츠는 도리어 크리에이터에게 독이 됐습니다. 콘텐츠에 관한 큰 고민 없이 시작한 크리에이터는 한정적인 소재에 한계를 느끼고, 더 이상 자극적인 제목만으로는 독자를 유입하기가 어렵다는 사실을 깨닫게 됐으니까요. 뿐만 아니라 이들의 콘텐츠는 독자의 관심에서 자연스레 멀어질 수밖에 없었죠. 비슷한 소재, 주제, 내용들로 가득한 콘텐츠들 중에서 특정 콘텐츠 하나만을 선택해서 볼 이유가 전혀 없으니까요. 어차피 어느 콘텐츠를 봐도 똑같을 테니 말이에요.

무엇보다 가장 주목해야 할 점이 있습니다. 바로 '자신의 본업인 회사 일이 바쁘면 연재를 미뤘다'는 사실이에요. 회사원도 콘텐츠를 제작하기 시작하면 다른 크리에이터와 똑같은 크리에이터일 뿐입니다. 하지만 이런저런 핑계를 대며 미루다 보면 결국 연재를 그만두는 상황이 발생하게 되죠. 만약 이들 중 몇 사람만이라도 자기만의 콘텐츠 정체성을 설정하고 꾸준히 연재했더라면 어땠을까요? 아마 지금쯤 회사원을 대표하는 크리에이터로 불렸을지도 모르죠. 이것이 꾸준함이 중요하다고 끊임없이 강조하는 이유입니다.

사라진 크리에이터들의 3가지 공통점

1. 회사원으로서 공감되는 것들만 모아 연재했다.
   (회사나 상사 욕하기, 출근하기 싫어, 퇴근하고 싶어, 월요일 싫어, 금요일 좋아 등)
2. 자기만의 개성 없이 자극적인 헤드라인을 추구했다.
3. 회사 일이 바쁘면 연재를 미뤘다.

콘텐츠 크리에이터는 '나만 할 수 있는 이야기는 무엇일까'를 가장 우선적으로 고민해봐야 합니다. 나는 '과다한 업무'에 대해 연재하고 싶다는 생각으로 컴퓨터를 켰다가도, 다른 에디터가 마침 그것을 소재로 썼을 경우 처음부터 모든 걸 다시 구상했습니다. 컴퓨터를 켜는 그 순간까지 "날은 풀렸는데 일은 안 풀리네"와 같은 언어유희도 미리 생각해뒀는데 말이에요. 하지만 이제는 다른 콘텐츠와 겹치지 않는 '나만의 이야기'가 있습니다. 여러 번의 시행착오를 거치면서 나만의 소재를 찾을 수 있었고, 무엇보다 직장 동료나 상사의 한숨과 눈 깜빡임, 그리고 허벅지 긁는 행위까지 소재로 쓸 만큼 직업병이 심해졌어요.

✅ 과정을 건너뛰지 마라
유행만 좇는 콘텐츠2

사회적인 유행 역시 콘텐츠의 소재로 삼기 쉽습니다. 요즘 혼술(혼자 마시는 술), 혼밥(혼자 먹는 밥), 덕후(특정 분야에 관심이 많은 사람) 등 이러한 키워드들이 유행하면서 이것들을 회사원과 연관 짓는 글 역시 눈에 띄게 많아졌어요. 그러나 분명 회사원들을 위한 콘텐츠가 늘었음에도 내용을 들여다보면 대부분 똑같은 이야기를 전하고 있습니다. 이것은 앞에서 말한 첫 번째 공통점에 해당되죠. 관심을 쉽게 끌기 위함입니다. 이에 대해 두 기업의 게시물을 비교하며 설명할게요.

S기업과 D기업의 콘텐츠 비교

S기업	D기업
2015.12.18. 연말 술자리 건강하게 즐기기	2015.12.25. 우리가 술자리에 가야 하는 이유
2015.12.24. 다가오는 새 학기, 어디서 살지?	2015.12.29. 연말 술자리, 잔뜩 취한 그대를 위해: 당신의 해장 음식 유형은?
2016.01.22. 술에 찌든 젊은이들이여, 지친 몸을 (운동으로) 깨워라!	2016.02.01. 자취를 시작하는 너에게: 좋은 방 구하는 TIP
2016.02.19. 장거리 통학러의 시간 활용법	2016.03.07. welcome to 장거리 통학
2016.03.11. 중간고사도 잊게 만드는 캠퍼스 벚꽃 핫스팟	2016.03.16. 1박 2일 꽃 축제 여행 코스 TOP 5

2015년 12월 18일부터 2016년 3월 16일까지 '대학생'을 대상으로 연재한 글을 살펴본 결과, S기업과 D기업은 제목만 봐도 알 수 있듯 서로 비슷한 이야기를 전하고 있습니다. 왜 그런 걸까요?

이들은 콘텐츠에 명확한 컨셉이 없고, 팔로워, 조회수, 좋아요와 같은 숫자에만 몰두하고 있기 때문에 시기와 유행에만 편승하는 콘텐츠만 제작하게 된 겁니다. 유행하는 것들만 잘 따르면 독자의 관심을 쉽게 얻을 수 있으니까요. 그러나 여기저기서 같은 이야기를 하는 콘텐츠에 경쟁력이 과연 있을까요? 두 기업만을 예로 들었지만, 실제로 비슷한 시기

에 벚꽃이나 단풍놀이하기 좋은 곳을 소개하는 콘텐츠는 셀 수도 없을
만큼 엄청나게 많을 겁니다.

자신만의 이야기를 온라인에 표현하다 보면 콘텐츠를 이해하는 깊이
가 달라지는 과정을 겪게 됩니다. 하지만 유행을 우선으로 여기는 크리
에이터는 이 과정을 경험할 수 없겠죠. 적당한 시기에 맞춰 사람들이 읽
을 법한 이야기를 짜깁기하는 덕분에 누군가의 이야기를 대신 전달하는
능력, 즉 편집력은 좋아질 순 있어도 자신만의 차별화된 콘텐츠를 온라
인에 표출하는 능력은 제자리에 머무를 수밖에 없을 테니까요. 여러 시
행착오를 거쳐야만 비로소 자신만의 색깔을 갖출 수 있기 때문입니다.
무엇보다 자신만의 분야를 사람들이 관심 갖도록 만드는 것이 바로 크
리에이터의 역할이라 할 수 있습니다.

❖ 기대가 커지면 부담감도 커진다
콘텐츠 제작이 점점 어려워지는 이유

사실 콘텐츠를 연재하는 일은 쉽지 않습니다. 내 기억으로는 딱 30회 정
도까지는 아주 즐거운 마음으로 연재했던 것 같아요. 그 이후로는 크리
에이터로서 부담감을 느끼기 시작했거든요. 연재를 할수록 독자의 기대
는 점점 커져만 가고, 그에 대한 부담감은 날이 갈수록 심해졌기 때문입
니다. 아래 그래프를 통해 조금 더 구체적으로 설명할게요.

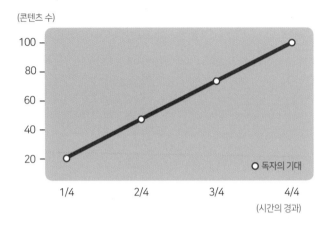

먼저 '콘텐츠의 수에 따른 독자의 기대'부터 살펴보죠. 콘텐츠를 꾸준히 제작한다고 가정하면 콘텐츠 수는 일정하게 늘어나고, 덩달아 독자 수도 많아질 겁니다. 볼거리가 많아졌으니까요.

2/4 또는 3/4 지점에서 구독한 독자는 첫 번째 콘텐츠부터 하루 만에 정독(일명 정주행)했을 가능성이 높습니다. 어느 정도 연재된 웹툰이나 방영 중인 드라마를 처음 볼 때처럼 우연히 본 하나의 콘텐츠가 재미있어서 순서대로 다시 보는 거예요. 그렇게 독자가 가장 최근에 제작된 콘텐츠까지 정독을 마치면 어떤 생각을 할까요? 아마도 다음 콘텐츠를 기대하겠죠. 지금까지 본 콘텐츠에서 재미를 느꼈기 때문에 다음 콘텐츠도 재미있을 거라 유추하면서요. 이것은 시간이 지날수록 독자의 기대가 높아지는 이유입니다.

여기서 놓치지 말아야 할 점이 있습니다. 바로 1/4 지점이에요. 콘텐츠 수도 적고, 독자의 기대도 낮습니다. 여러분이 독자라면 1개 연재한 크리에이터와 100개 연재한 크리에이터 중 누구의 이야기가 더 궁금하겠습니까? 당연히 100개 연재한 이야기의 콘텐츠가 훨씬 기대될 거예요. 그렇다고 1개 연재한 크리에이터에게 "너는 어차피 무플이다!"라고 면박주려는 게 아닙니다. 오히려 "이 시간을 소중히 사용해야 한다"고 말하고 싶습니다. 빠르게 성장해나갈 수 있는 방법을 찾을 수 있는 시간이기 때문이죠. 그러니 아무도 신경 쓰지 않을 때 하나하나 만들면서 실수도 해보고, 독자의 생각도 유추하면서 실력을 쌓아가는 게 좋습니다. 여기서 대부분의 크리에이터가 미처 생각지 못하는 한 가지 부분이 더 있습니다. 1/4 지점에서 제작된 콘텐츠를 시간이 지나 흑역사라는 이유로 수정하거나 삭제하는 실수를 저지른다는 거예요. 여러분은 그러지 않길 바랍니다. 그 이유는 뒤에서 자세히 설명하겠습니다.

독자의 기대에 따른 크리에이터의 제작 열정

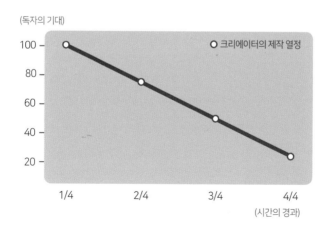

이제 '독자의 기대에 따른 크리에이터의 제작 열정' 그래프를 보세요. 아까와 반대입니다. 이상하지 않나요? 독자 수가 많아질수록, 독자의 기대가 높아질수록 크리에이터의 제작 열정은 점점 낮아진다는 게 말이죠. 슬럼프가 온 걸까요? 그 말도 맞지만, 크리에이터로서 부담감이 커졌다는 표현이 더 정확할 겁니다.

나는 완벽하게 자유로울 때 아이디어가 퐁퐁 튀어나옵니다. 재미있는 순간을 오래 기억하고 싶어 사진이나 영상을 촬영하면 동시에 그 순간을 가장 잘 전달할 만한 단어들이 저절로 떠오르거든요. 그런데 누군가 "와, 근우 씨 정말 멋지네요. 다음엔 더 기대할게요!"라는 식으로 돗자리를 깔아주기 시작하면 오히려 못합니다. 글 세 줄 쓰는 것도 어려워질 만큼 부담되거든요. 1명에게 그런 말을 들어도 부담을 느끼는데 온라인 공간에선 어떨까요? 매주 2만 7,000명이 넘는 전국의 독자가 '나'의 이야기를 기대한다고 생각해보세요. 마냥 기쁘지만은 않을 겁니다. 이 부담감이 계속되면 결국 중간에 휴재를 하게 되죠. 심할 경우 연재를 중단하기도 합니다. 이런저런 이유로 잠시 쉬겠다는 인사를 하겠지만 그게 진짜 이유는 아닐 거예요.

4/4 지점이 크리에이터의 제작 열정이 가장 낮은 수치라고 가정한다면, 이 순간에는 크리에이터의 열정에 기름을 붓는 특정한 사건이 일어나야 합니다. 의외로 간단합니다. 바로 '관심'입니다. 어떤 독자가 "이제 연재 안 하나요?"라고 묻는 것만으로도 큰 힘이 될 테니까요. 그리고 휴재한 지 오래됐는데도 재미있게 읽었다는 댓글이 달리면 얼마나 기분 좋은지 모릅니다. 혹시 여러분 주변에 50개 이상의 콘텐츠를 제작한 크리에이터가 있습니까? 얼른 전화 걸어 저녁이라도 사주세요. 분명 감동

받을 겁니다. 그리고 더 열심히 활동할 거예요.

지금까지 말한 부담감을 딛고 꾸준히 연재하는 크리에이터는 컴퓨터 없는 사막에 가서도 콘텐츠로 살아남을 겁니다. 이렇게 열심히 하는데 독자가 크리에이터의 고충을 몰라줄 것 같다고요? 천만에요. 다 압니다. 50개만 연재해도 벌써 주변 반응부터 달라지거든요. 대단하다고 말하기도 하고, 도대체 언제 쉬냐고도 묻겠죠. 그런 말을 듣는 즉시 기다렸다는 듯 한 마리 공작으로 빙의해 어깨를 쫙 펴세요. 이럴 때 마음껏 자랑해야 합니다.

Chapter 2

새로운 것은
없다

#일상의_재발견

03

관찰

• • • • • • • •

"어째서 소재(아이디어)는 생각할수록 떠오르지 않는 걸까?"

많은 콘텐츠 크리에이터가 늘 하는 고민입니다. 자고로 크리에이터라면 매번 남들이 듣도 보도 못한 새로운 뭔가를 독자에게 보여줘야 된다는 강박감이 있어서죠. 이 부담감을 이기지 못하면 콘텐츠를 제작하기가 매우 어렵습니다. 용기내서 컴퓨터를 켰는데도 몇 시간째 아무 생각 없이 페이스북을 하고 있거나 쇼핑을 하는 등 삼천포로 빠질 수 있거든요. 어떻게 그렇게 잘 아느냐고요? 다 겪어본 거라 그렇습니다. 심지어 머리 좀 식히겠다고 산책 나갔다가 외박하고 온 적도 있었죠.

하지만 더는 고민하지 마세요. 미리 준비해두면 되니까요. 소재가 떠오르지 않을 때마다 나는 스마트폰의 메모장부터 살펴봅니다. 재미있는 경험을 할 때마다 메모하는 습관이 있거든요. 그곳에는 순간의 기분, 오고갔던 대화, 같이 있던 사람들까지 모두 적혀 있어요. 메모한 게 없다면 아예 노트를 꺼냅니다. 지난 한 주 동안 회사에서 있었던 일을 나열하며 재미있었던 순간들을 기억해내기 위해서죠. 누군가 무심코 던진 말에 모두가 '빵!' 하고 터진 게 있다면 무조건 받아 적습니다. 이렇게 작은 것 하나라도 적다 보면 독자에게 소개하고 싶은 소재가 등장하게 되거든요. 소설을 쓰지도, 상상하지도 않았습니다. 단지 경험한 일들을 나열하고 선별했을 뿐이죠.

소재는 갑자기 툭 튀어나오지 않습니다. 우리가 찾지 못할 뿐, 이미 주변에 넘치고 있는 게 바로 소재입니다. 관찰하세요. 일상에서 새로움을 발견할 수 있을 겁니다.

✅ 제대로 알고 선물하자
관찰하는 습관

우리 회사엔 독특한 문화가 있습니다. 바로 생일파티예요. "가족보다 더 많이 보는 사이인 만큼, 생일만이라도 제대로 챙겨주고 생각해주자"는 취지로 시작됐죠. 직원들은 생일파티 일주일 전부터 생일자가 가장 좋아할 것 같은 물건으로 선물을 고민합니다. 몰래 생일자의 책상을 살펴보거나 생일자가 했던 말을 곱씹어보면서 말이에요.

아주 훌륭한 행사지만 대참사가 벌어질 때도 있습니다. 경영지원실 A는 다이어트 때문에 한 달 내내 삶은 계란만 먹은 적이 있었죠. 그래서 점심시간만 되면 A의 투정을 심심찮게 들을 수 있었습니다.

"이놈의 계란 지긋지긋해 죽겠네. 다이어트 끝나면 1년 동안은 쳐다보지도 말아야지."

한편 이 모습을 멀리서 지켜보던 디자인팀 B과장님은 생각했죠.

'아, 계란을 좋아하시는구나.'

계란을 매일 같이 먹는 모습만 봤을 뿐, 정작 A의 투정을 듣지 못한 과장님은 의기양양하게 그녀에게 계란찜기를 선물했습니다. 이게 끝이 아닙니다. 설상가상으로 토스트를 좋아한다는 A의 말을 듣고 무려 세 명이나 토스트기를 선물했거든요. 그 중 한 명이 바로 나였습니다. 그녀의 속마음은 어땠을까요. 왠지 상상이 되지 않나요?

직원들이 생일선물을 고르기 위해 생일자에게 관심을 가졌던 것처럼, SNS에 글을 쓸 때는 독자가 가진 생각을 예상해봐야 합니다. 우리는 독자에게 '콘텐츠'라는 선물을 주는 사람이니까요. 물론 선물하는 것도 쉽진 않습니다. 받는 사람이 마음에 들어야 하는데, 이상하게도 독자에서 제작자가 되는 순간 머리가 굳어버리게 되니까요. 분명 "내가 하면 더 잘할 수 있어!"라고 패기 있게 도전했는데도 말이에요. 이처럼 시작도 못하고 끙끙 앓고 있는 이들에게 단 한 가지의 솔루션을 제안하려고 합니다. "무엇이든 오래 지켜봐야 한다"는 거죠. 계란찜기, 토스트기와 같은 사태가 벌어진 까닭은 모두 '제대로' 관찰하지 않았기 때문이니까요.

이런 나도 연재하는 날만 되면 질풍노도의 시기를 겪습니다. 이유 없이 세상이 싫어지거든요. 그럴 때마다 나라에서 허락한 유일한 마약,

'뒹굴뒹굴 열매'를 먹고 집안을 배회합니다. 하지만 고민만 해서는 답이 나오지 않습니다. 그럴 때는 자신의 콘텐츠 주제와 일상을 한번 엮어보세요. 어렵게 고민하기보다는 쉽게 접근할 수 있는 것부터 차근차근 해보는 거죠. 어차피 소재는 '발명'이 아니라 '발견'의 산물이니까요.

나는 콘텐츠의 주제인 회사 생활을 일상과 자주 엮습니다. 친구네 집 고양이를 보고 "넌 출근 안 해서 좋겠다, 임마"라든가, 벚꽃을 보고 "네가 질 때면 월급날이겠지"라고 생각하면서요. 누구나 할 수 있는, 아주 단순한 생각부터 시작하는 거예요. 어느 날은 출근길에 유모차에 앉아 있는 아기를 본 적이 있습니다. 아기는 장난감을 가지고 놀며 즐거운 얼굴을 하고 있었죠. 그 순간 이런 생각이 들었습니다.

'너도 20여 년만 지나면 나처럼 사원나부랭이가 되겠지?'

아기를 보면서 자연스레 회사 생활을 떠올린 거예요. 예전 같았으면 귀엽다고 난리 쳤겠지만, 그때는 연재 압박에 찌든 크리에이터일 뿐이었으니까요. 이 경험담 또한 소중한 소재가 됐고, 덕분에 콘텐츠 하나를 뚝딱 만들 수 있었죠.

크리에이터가 겪는 일들은 모두 소재가 될 수 있습니다. 다만 끊임없는 관찰과 노력이 필요해요. 관찰의 시작은 자기 자신을 제대로 아는 것에서부터 비롯됩니다. 다음 워크시트를 참고해 '나'에 대해 얼마나 알고 있는지 확인해보세요. 부담 가질 필요는 없습니다. 내 콘텐츠 강의를 들은 한 수강생은 온통 고양이 이야기로 가득 채우기도 했으니까요. 아무 제한이 없으니 자유롭게 작성해보길 바랍니다.

나부터 알기

1. 나를 가장 잘 표현하는 세 가지 단어는 _____, _____, _____(이)다.

2. 오늘 아침 일어나서 한 생각은 '_____'(이)다.

3. 지금 당장 해야 할 일은 _____(이)다.

4. _____와 친한 이유는 _____때문이 아닐까?

5. _____만 보면 환장한다.

6. 누구보다 _____은/는 잘할 자신이 있다.

7. 내가 멋져 보일 때는 _____(이)다.

8. 주변 사람들은 나를 보고 '_____ 덕후'라고 한다.

9. 지금 가장 부러운 사람은 _____(이)다.

10. 올해 생일에 받고 싶은 선물은 _____(이)다.

11. 어렸을 때 엄마와 아빠는 종종 "아이고, 우리 새끼! _____박사네!"라고 말했었다.

12. 소원을 들어주는 요정을 만난다면 "_____"라고 말할 것이다.

13. 내가 가장 얻고 싶은 것은 _____(이)다.

14. 내가 가장 잃기 싫은 것은 _____(이)다.

15. 최근에 읽은 책은 _____(이)다.

16. _____에 놀러가고 싶다. 그곳엔 _____가 있으니까!

17. _____은 진짜 맛있었다.

18. 컴퓨터를 켜면 제일 먼저 _____를 본다.

19. 돈 걱정 없이 1년간의 자유가 주어진다면 _____하겠다.

20. 마지막으로 지금 이 책을 보면서 하고 있는 생각은 _____(이)다.

✅ 자신만의 룰을 정하자
콘텐츠 소스로 콘텐츠 만들기1

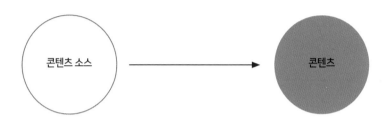

자, 이제부터 위 도형을 잘 기억합시다. 콘텐츠 소스는 말 그대로 콘텐츠를 만들기 위한 재료, 즉 '소재'를 뜻합니다. 쉽게 생각하면 눈에 보이는 모든 사물이 바로 콘텐츠 소스라 할 수 있어요. 지금 내 눈 앞에는 레고로 만든 자동차, 태국 여행에서 사온 코끼리 기념품, 아침에 바르는 로션, 동전 지갑, 편지지가 있습니다. 그 중 한 사물을 골라 콘텐츠로 제작해보겠다고 다짐한다면, 그것은 내게 가장 중요한 콘텐츠 소스가 될 겁니다. 물론 사물에만 해당되는 것은 아닙니다. 사람의 행동도 훌륭한 콘텐츠 소스가 될 수 있죠. 나는 평소 대리님과의 아침 인사, 차장님의 한숨, 부장님의 눈 깜빡임까지 순간의 찰나를 잡아내는 연습을 하며 소재를 얻곤 하거든요.

이렇듯 우리 주위에는 좋은 콘텐츠 소스로 가득 차 있지만 그 중에서도 자신에게 딱 맞는 콘텐츠 소스를 잡아내야 됩니다. 크리에이터는 "모든 걸 다 보여주겠다!"고 다짐해서는 안 되기 때문이에요. 상대방에게 공 열 개를 동시에 던진다고 생각해보세요. 몇 개나 받을 수 있을까요? 아마도 열 개는 불가능할 겁니다. 하나라도 받아주는 게 용한 거죠. 비

숫한 맥락으로, 크리에이터가 전하고자 하는 메시지가 열 개가 넘는다면 독자는 그 메시지들을 제대로 이해하기 어려워져요.

욕심을 덜어내기 위해 우리는 '룰'을 세워야 합니다. 콘텐츠 메시지를 훨씬 쉽게 전할 수 있는 방법이니까요. 룰은 커피 필터처럼 '불필요한 것을 걸러내는 과정'이라고 생각하면 쉽습니다. 예를 들어 '자취'를 주제로 한 시리즈를 연재한다고 하면, 보통 자취방에서 먹기 좋은 간식, 자취방에서 할 수 있는 운동, 자취생을 위한 간단한 청소법 등 자취에 대한 모든 소재를 다루게 되죠. 이 경우 콘텐츠 소스가 풍부해질 순 있으나, 결국 자취생의 생활에 대한 모든 것을 다루게 되면서 오히려 독자는 그 중 무엇을 중점적으로 봐야 할지 가늠하기 어려워집니다.

이때 "콘텐츠 크리에이터로서 이것만큼은 꼭 지키겠다!" 하는 것들을 룰로 정해보세요. 경쟁력 있는 콘텐츠를 만드는 데 도움이 될 겁니다. 내가 연재 중인 〈그 남자의 사회생활〉 시리즈에도 세 가지 룰이 있죠.

콘텐츠를 연재할 때 꼭 지키는 3가지 룰

1. 회사를 까지 말자.
2. 상사를 까지 말자.
3. 푸념하지 말자.

아직도 룰을 어떻게 정해야 할지 모르겠다면, '자취생의 간식'처럼 구체적으로 하나의 분야를 정해보세요. 그러면 '처치곤란인 음식 재료로 만드는 간식', '취침 전 소화 잘되는 간식', '간단하게 만들어 먹는 간식' 등 한 분야 속 다양한 콘텐츠 소스를 다룰 수 있게 되고, 독자도 자취생의 간식이라는 주제에 더욱 집중할 수 있을 겁니다.

✔ 늘 소재는 곁에 있었다
콘텐츠 소스로 콘텐츠 만들기2

요즘 페이스북은 〈무자극 컨텐츠 연구소〉라는 페이지 때문에 난리입니다. '쌈채소' 사진 한 장만 달랑 올렸을 뿐인데 '좋아요'가 천 개가 넘는 해괴한 상황이 벌어졌기 때문입니다. 이외에도 '집에 들어와서 마시는 물 한 잔'이나 '깊은 밤 잠들지 않은 이웃들'의 사진을 보며 독자들은 기존과 다른 콘텐츠의 매력에 새로움을 느끼고 있어요. 일상에서 무심하게 지나쳤던 것들이 콘텐츠로 올라오는 이 페이지를 통해 우리 주변에 늘 콘텐츠 소스가 있다는 사실을 발견할 수 있습니다.

나 역시 콘텐츠에 일상을 적용시켜본 적이 있습니다. 사내 영어 수업에서 배운 단어들을 회사 블로그에도 소개하고 싶었지만, 어떤 방식으로 전해야 좋을지에 대한 고민이 있었죠. 일반적인 영어 단어와 뜻만 나열하자니 재미가 없을 것 같고, 반대로 새롭고 참신한 방식을 쓰자니 제작하는 도중 마음의 병이 생길 것만 같았거든요. 마침 야근을 해야 한다는 과장님의 말을 듣고 이를 활용해 영어 단어를 사용하면 우리 회사의 콘텐츠 성격과도 잘 어울릴 것 같다는 생각이 들었습니다.

아래 사진을 보세요. 예쁘게 꾸미지도 않았습니다. 단지 '사내 영어수업'이라는 콘텐츠 소스에 직원들의 일상을 발견해 덧붙였을 뿐입니다. 영어 단어를 실생활에 적용해 문장과 사진 한 장으로 보여주니 뜻을 이해하기에도 쉽고, 재미까지 주는 콘텐츠가 됐죠.

혹시 일상 속 소중한 소재들을 놓치고 있지는 않나요? 그 중에서 활용할 만한 좋은 콘텐츠 소스가 있을지도 모릅니다. 지금부터라도 이미 있는 사물들도 새롭게 보고, 다르게 생각해봅시다.

✅ 콘텐츠는 콘텐츠 소스를 낳고
하나의 주제에 집중하기

이번에는 순서를 뒤집어보죠. 여태껏 콘텐츠 소스로 멋진 콘텐츠를 만들어보자고 실컷 떠들었다가 왜 갑자기 순서를 뒤집었을까요? 이것은 여러분의 미래를 표현한 겁니다. 한 분야의 콘텐츠를 꾸준히 만들면 세상이 온통 그 분야로 보이기 시작하거든요.

가령 점심시간에 옆 사람이 무슨 말을 하는지 잘 들어보세요. 디자이너는 주로 디자인 이야기를, 개발자는 개발 이야기를 합니다. 업무 이야기를 하지 말자고 하면서도 결국 또 이야기를 나누고 있죠. 하루 중 대부분을 자신의 분야에 대해 고민하고 있다는 증거이기도 합니다. 내가 아기를 보고 그와 상관없는 회사 생활을 떠올린 것 또한 계속해서 한 분야를 관찰해온 결과인 셈이에요. 즉, 콘텐츠를 통해 콘텐츠 소스를 쉽게 찾을 수 있게 된 겁니다. 하나의 주제를 정한 덕분에 일상에서도 그 분야에 더욱 집중하게 되고, 꾸준한 관찰을 통해 콘텐츠 소스를 보다 빠르게 발견할 수 있게 되는 거죠.

콘텐츠 소스가 콘텐츠로 만들어지는 과정과 콘텐츠를 통해 콘텐츠 소스를 발견하는 과정까지 모든 과정을 살펴봤습니다. 간단히 정리해보겠

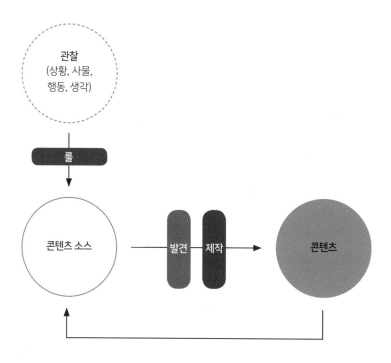

습니다. 상황, 사물, 행동, 생각을 먼저 관찰해보세요. 그 중 자기만의 룰을 통해 콘텐츠 소스를 선별하고, 그것을 바탕으로 콘텐츠를 제작해 보는 거예요. 오랫동안 한 분야를 연재하다 보면 어느 것이든 그 분야와 엮어 생각하게 되고, 자연스레 콘텐츠 소스도 손쉽게 찾을 수 있게 됩니 다. 자기만의 분야를 개척해 꾸준히 하는 것이 무엇보다 중요합니다.

콘텐츠 하나를 만들기 위해 할 일이 이렇게나 많습니다. 그러니 많이 보고 많이 들어야 하는 건 당연한 얘기겠죠? 콘텐츠 소스는 멀리 있지 않습니다. 눈 동그랗게 뜨고 주변을 샅샅이 살펴보세요.

04

메모

● ● ● ● ● ● ● ●

어떤 이야기를 입히느냐에 따라 콘텐츠의 질이 달라집니다. 아주 멋진 일몰 풍경을 촬영했다 하더라도 사진 외에는 아무런 이야기가 없다면 어떨까요? 아마 사진을 보며 감탄을 했을지언정 기억에 선명하게 남지는 않을 거예요. 반면 크리에이터가 일몰을 보며 느꼈던 감정을 표현하거나 일몰 사진을 멋지게 잘 찍는 방법 같은 독자의 흥미를 부르는 글을 덧입히면 어떨까요? 사진 한 장 달랑 올리는 것보다 훨씬 흥미로운 콘텐츠로 보일 겁니다.

콘텐츠에 쓰일 만한 이야기는 어느 순간 갑자기 떠오르지 않습니다. 사람의 기억력에는 한계가 있으니까요. 순간순간 느꼈던 감정이나 주고받은 대화들, 또는 우연히 알게 된 정보는 기록해두지 않으면 금세 잊어버리게 됩니다. 다른 사람에게 소개해주고 싶은 소재라고 생각된다면 잊어버리기 전에 얼른 기록하세요. 어떤 이야기를 쓸지 기억을 떠올리느라 시간 낭비할 필요 없이 언제든 메모에서 골라낼 수 있으니까요.

사소한 것도 그냥 넘기기보다는 짧은 메모로라도 써두길 바랍니다. 그 메모들은 콘텐츠 하나하나를 멋지게 만들어줄 훌륭한 수단이 될 테니까요.

✔ 사소한 일도 특별해진다

기초편 : 메모로 콘텐츠 제작하기1

후쿠오카를 내 집 드나들 듯 다니다 보니, 한국에 있는 내 집이 오히려 낯설게 느껴지고, 회사 일에도 집중이 잘 안 되는 것 같았습니다. 특히 돈도 없는데 괜히 항공권을 검색해보며 특가 상품을 찾아보지를 않나, 친구한테 다시 한번 일본으로 놀러 가자고 설득하지를 않나, 그런 내 모습이 마치 진상처럼 느껴졌죠.

문득 '여행 후유증'을 주제로 삼아 연재해보면 어떨까 생각했습니다. 사소한 이야기지만 이런 경험은 나뿐만 아니라 많은 사람들이 겪는 일일 테니, 독자에게 공감과 재미를 동시에 줄 수 있는 콘텐츠일 거라고 판단했거든요.

우선 메모장을 펼쳤습니다. 그리고 며칠에 걸쳐 여행을 다녀온 후부터 무심코 했던 행동들을 위주로 여행 후유증과 관련된 메모들을 생각나는 대로 자유롭게 작성했습니다.

콘텐츠 연재를 위한 간단한 메모 작성

여행 후유증과 관련한 메모들	선택
여행 통장 개설	
항공권 검색	✓
중고나라에 레고를 팔까 고민	
지갑에 왜 엔화만?	✓
일본 쇼핑리스트 검색	
여행지에서 찍은 사진 보기	
친구 설득	✓
부모님에게 자랑	

그 중 세 개의 메모를 선택해 실제로 오른쪽과 같이 여행 후유증 에피소드 한 편을 제작해냈죠. 만약 메모를 하지 않았다면 어땠을까요? 콘텐츠는커녕 소재 고민에 골머리만 앓다가 그냥 포기했을지도 모릅니다. 하지만 메모 덕분에 간편하게 콘텐츠를 제작할 수 있었어요. 무엇보다 평범한 이야기를 나만의 콘텐츠로 풀어내니 마치 특별한 경험인 것마냥 포장할 수 있었고, 누구나 공감할 수 있는 내용으로 독자의 반응 역시 뜨거웠습니다.

콘텐츠로 풀고 싶은 주제가 하나 생긴다면 그것에 대해 골똘히 생각해보고, 생각한 것들을 간단한 메모로 작성해보세요. 시간을 조금만 투자하면 나중에 콘텐츠 소재로 유용하게 사용할 수 있을 겁니다.

항공권 검색 중

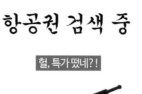

✔ 하나로 묶어버리자

응용편 : 메모로 콘텐츠 제작하기2

기초편에서 나온 이야기처럼 한 주제를 가지고 그와 연관된 메모를 적어나가는 방식도 있겠지만, 매일 습관처럼 메모를 하다 보면 어느새 메모장에는 서로 연결되지 않는 이야기들로 가득해질 거예요. 이럴 때는 어떻게 해야 할까요?

먼저 공통된 주제를 찾아봐야 합니다. 아래 메모들을 한번 읽어보세요. 모두 다른 날에 일어난 상황들이지만, 여기에는 세 개의 메모를 관통하는 하나의 주제가 있거든요.

나는 이것들을 '말문이 막히는 상황'이란 주제로 묶어봤습니다. 상상해보세요. 회사 대표님이 "아이고 힘들어. 나 대신 대표할 사람 어디 없나?" 하고 말한다면? 낙지볶음을 먹지 못하는 내가 옆에 있던 만두를

공통된 주제 찾아보기

1. 2016년 7월 4일
   개발자 : 나 대신 개발할 사람~
   디자이너 : 나 대신 디자인할 사람~
   대표님 : 나 대신…

2. 2016년 6월 21일
   낙지를 못 먹는데, 정작 낙지만두는 맛있게 먹은 날.
   난 도대체 뭐지.

3. 2016년 7월 8일
   화장실에 가고 싶은데, 클라이언트가 사무실 출입증을 두고 오는 바람에 경비실에 전화 중. 화장실은 언제 갈 수 있을까.

집어 먹었는데, 알고보니 낙지만두였다면? 마찬가지로 고객과의 미팅에서 볼일이 급한데 이도저도 움직이지 못하는 을(乙)의 모습은 어떤가요? 이 모든 상황들을 '말문이 막히는 상황'으로 묶어도 어색함 없이 서로 연결될 겁니다.

물론 모든 메모가 하나로 묶일 수 있다면 좋겠죠. 하지만 아래 그림의 메모 C, E, F처럼 대부분 공통분모를 찾기 어려운 메모들로 가득합니다. 또한 미리 적어둔 메모가 지나치게 많다면 주제를 찾는 일도 어려울 테고요. 메모가 50개 정도 있다고 생각해보세요. 내용을 전부 읽기에도 시간이 부족하지 않을까요?

이때 메모 A, B, D처럼 하나의 공통된 주제로 묶기 위해서는 '해시태그'를 사용하면 좋습니다. 메모 맨 앞에 자신만의 주제 분류를 키워드로 정해 태그를 작성해보는 거예요. 메모 하나에 여러 개의 태그를 넣으면 더욱 편하겠죠. 그만큼 다른 메모와 공통된 주제를 찾기 쉬워질 테니까요. 이렇게 하면 언젠가 남은 메모들도 다른 메모와 함께 소재로 활용할 수 있을 겁니다. 그러므로 지금 당장 쓰이지 않는다고 해서 굳이 메모를 삭제할 필요는 없겠죠.

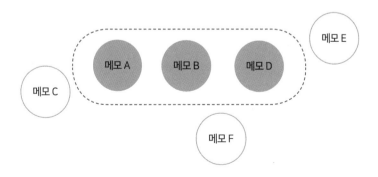

여기서 또 하나의 문제가 발생합니다. 바로 해시태그의 종류가 늘어날수록 일일이 확인하며 분류하기가 힘들어진다는 점입니다. 이럴 때는 '에버노트(Evernote)'처럼 스마트폰이나 PC에서 사용가능한 프로그램을 활용해보길 추천합니다. 사용자가 임의의 태그를 붙여 메모들을 쉽게 정리할 수도 있고 검색까지 가능해 분류하는 일이 보다 쉬워질 거예요. 그러면 하나의 주제를 찾는 것도 '식은 죽 먹기'가 될 겁니다.

✔ 붙이고, 섞고, 만들고
실전편 : 메모로 콘텐츠 제작하기3

앞서 '나부터 알기'라는 숙제 하나를 냈었습니다. 이제 그 워크시트에 작성한 내용을 활용할 때가 왔어요. 설마 아직도 쓰지 않았다고요? 그럼 얼른 채우고 오세요. 지금부터는 실전입니다.

작성한 내용들을 각각 메모라고 생각하고, 이들의 공통된 주제를 찾아봅시다. 그리고 찾은 주제에 걸맞은 이야기 한 편도 써보세요. 그 글은 곧 여러분의 콘텐츠가 될 겁니다. 멋진 글을 써야 한다는 말은 아닙니다. 여기서 우리가 집중하는 부분은 '주제'라는 것을 잊지 마세요.

혹시나 이 작업이 어려운 분들을 위해 이 책에 등장하는 남자 중 가장 친절한 남자가 예시를 마련했습니다. 함께 살펴보며 감을 익혀봅시다.

1. 나를 가장 잘 표현하는 세 가지 단어는 <u>레고, 에디터, 관찰</u> (이)다.

2. 오늘 아침 일어나서 한 생각은 <u>'아, 원고 다 못 썼네! 큰일났다'</u> (이)다.

3. 지금 당장 해야 할 일은 <u>2차 원고 마감</u> (이)다.

4. <u>가영 씨</u> 와 친한 이유는 <u>욕을 텄기</u> 때문이 아닐까?

5. <u>레고</u> 만 보면 환장한다.

6. 누구보다 <u>항공권 최저가 예약</u> 은 잘할 자신이 있다.

7. 내가 멋져 보일 때는 <u>친구들이 "너 잘 번다며?" 할 때</u> (이)다.

8. 주변 사람들은 나를 보고 ' <u>레고</u> 덕후'라고 한다.

9. 지금 가장 부러운 사람은 <u>방학이 있는 전국의 학생들</u> (이)다.

10. 올해 생일에 받고 싶은 선물은 <u>레고 베트맨 미니피규어</u> (이)다.

(이하 후략)

이제 이 중 몇 개를 골라 서로 붙이고 섞고 만들어봅시다. 무려 세 개의 이야기를 만들 수 있습니다.

❶ 책 쓰기(2, 3, 9번 메모를 활용한 주제)

아침 7시 30분. 눈을 떴다. "아"라는 탄식이 절로 나왔다. 어젯밤 다 쓰지 못한 원고 때문이다. 큰일이다. 마감 기한도 지나버렸다.

요즘 컴퓨터 앞에만 앉으면 '내가 이렇게 말을 못 했었나' 하는 자괴감에 빠진다. 오늘까지 2차 원고 마감을 해야 한다고 달력에 적어뒀지만 아직 글 세 줄도 못 썼다. 지금 이 순간, 나도 아무 것도 안 하는 방학이 있었으면 좋겠다. 저기 횡단보도 건너 PC방으로 들어가는 고등학생처럼.

❷ 레고(1, 5, 7, 8번 메모를 활용한 주제)

자타공인 레고 덕후로 불리는 나는 종종 레고와 닮았다는 소리를 듣는다. 사랑하면 닮는 걸까?

남들 옷 살 때 레고 하나를 더 사는 것뿐인데, 친구들은 이런 내 모습을 보고 "너 잘 번다며?"라고 말한다. 괜히 우쭐해진다. '레고=비싼 장난감=잘 사는 사람'이라는 이미지 덕분이다.

친구들은 이때를 놓칠세라 뒤통수치기 필살기를 날렸다. "그럼 오늘은 잘 버는 근우가 쏘는 거다?" 이 새끼들이….

❸ 지름신(6, 10번 메모를 활용한 주제)

이번 시즌에 베트맨 무비 시리즈가 레고로 출시됐다. 가격은 31만 원. 순간 참지 못하고 지를 뻔했다. 통장 잔고를 지키기 위해 얼른 컴퓨터를 껐다.

그 순간 핸드폰에 알림이 울렸다. "항공권 특가 행사 중! 최저 98,100원부터!" 이거다. 가산동 항공권 사냥꾼으로 소문난 나는 경쟁이 치열한 만큼 결제도 순식간에 해치웠다.

"〈XX카드〉 470,000원(할부 5개월)"

이윽고 결제 문자가 왔다. 음, 방금 전까지 통장을 지키겠다고 하지 않았나?

어떤가요? 각각 다른 이야기이지만 서로 연결 지으니 신기하게도 주제가 명확한 하나의 이야기가 만들어졌죠. 여러분은 어떤 이야기를 만들었나요? '와, 이게 내가 한 건가?' 싶을 정도로 전혀 예상치 못한 주제가 불쑥 튀어나왔을지도 모르겠네요.

우리 주위에서 벌어지는 일상이나 그 모습을 담아낸 사진 한 장, 또는 갑자기 떠오르는 아이디어들을 무시하지 마세요. 모두 기록하세요. 간단하고 누구나 할 수 있는 메모도 쌓이면 여러분만의 특별한 콘텐츠가 됩니다. 물론 글쓰기 연습도 되고요.

✅ 기억 저장소
메모의 습관화가 필요한 이유

콘텐츠 크리에이터라면 메모를 습관처럼 해야 됩니다. 평소 나는 직장 상사와 대화를 나눌 때 메모장이나 포스트잇을 챙깁니다. 상황이 여의치 않으면 스마트폰 메모장이라도 켜두죠. 업무를 위해 준비하는 거냐고요? 아닙니다, 다 콘텐츠 때문이죠. 사회생활을 오래한 덕분인지 짧은 순간에 내뱉는 말 한마디에도 연륜을 느낄 수 있거든요. 사원나부랭이로서 놓칠 수 없는 콘텐츠 소스인 만큼 자유로운 대화 속에서도 메모를 할 수밖에 없죠. 며칠 전에도 그랬습니다.

> "이번 프로젝트에 문제가 생길까봐 업무 진행 과정을 시간대별로 다 써놨는데, 막상 써놓으니 아무 문제도 안 일어나네요."
> **"원래 보험 들면 안 아파."**

자, 이 대화를 그냥 흘려보냈다면 어땠을까요? 그저 그 상황에서 웃기만 했을지도 모릅니다. 하지만 메모를 적는 순간 이것은 콘텐츠 소스가 됐죠. 경험에서 우러나온 입담은 그 어떤 카피보다 구체적인 문장입니다. 듣는 이의 머릿속에 이미지(상황)까지 그려주는 완벽한 문장이거든요.

단순히 글로 적는 것만 메모에 해당되는 것은 아닙니다. 기억을 저장할 수 있는 수단이라면 다 좋습니다. 신기한 걸 보면 사진부터 찍어도 되고요. 다만 사진만 남겨두기보다는 메모와 함께 저장하면 훨씬 좋다

는 거, 이제 알죠?

나는 주로 아주 멋진 레고 전시를 보거나 해외에서 신기한 광경을 봤을 때 사진부터 찍습니다. 후쿠오카의 에스컬레이터에 적힌 안내 문구를 처음 봤을 때 그랬죠. 우리나라의 문구와 사뭇 다르고 생각했거든요. 이때 찍은 사진 덕분에 짧은 문구 하나에도 각 나라의 문화 차이를 발견할 수 있었습니다.

우리나라는 보통 "손잡이를 꼭 잡아주세요"라고 적혀 있죠. 이것은 손잡이를 잡지 않으면 '내'가 다칠 수도 있다는 의미입니다. 하지만 후쿠오카에서 본 안내 문구의 의미는 조금 달랐습니다. "'짐을 놓치면 다른 사람이 다칠 수도 있으니' 짐을 꼭 잡아주세요"라는 의미였으니까요. '내'가 가장 안전해야 하는 순간마저 남에게 피해를 주지 않으려는 그들의 강박이 보이지 않습니까?

아주 사소한 일이지만, 이 일을 기록해두지 않았다면 기억 저편으로 사라졌을 겁니다. 그리고 메모 덕분에 이렇게 좋은 이야깃거리로도 활용할 수 있게 된 거고요.

그럼 콘텐츠 연재를 위한 메모 방식은 어떤 것이 있을까요? 대표적인 두 가지 방식을 소개합니다. 다만 메모를 어떻게 써야 하는지는 개인의 자유입니다.

❶ 포스트잇

순간을 빠르게 기록하는 데 제격이다. 한 글자도 놓치기 싫다면 포스트잇을 활용해보자. 다만 글을 빨리 쓰게 되면 글씨가 개판이 된다. 물론 자기만 알아볼 수 있는 정도면 되겠지만, 시간이 지나면 본인도 못 알아본다는 게 흠이다.

❷ 에버노트

에버노트는 메모할 필기구가 없는 상황을 극복할 수 있는 좋은 수단이다. 또한 스마트폰에 메모를 해두면 컴퓨터에서도 볼 수 있다.

지나가는 상황을 빠르게 기록하다 보면 종종 오타가 생기기도 하지만, 일단 쭉 적어보자. 오타를 수정하는 데 시간을 들이면 다음에 메모할 내용을 잊어버리는 경우도 생기기 때문이다.

매주 소재를 찾는 크리에이터 입장에서는 아마 모든 것들을 훌륭한 아이디어로 활용할 수 있을 겁니다. 어디든 좋습니다. 메모에 기억을 저장하세요.

쓰기

· · · · · · · · ·

사람들이 점점 짧은 내용을 선호한다고 해서 모든 콘텐츠 크리에이터가 그래야 할까요? 모두가 무작정 영상 길이를 줄이거나, SNS 시를 쓰거나, 가볍게 볼 수 있는 카드뉴스만 제작하면 콘텐츠 생태계는 분명 재미없어질 겁니다. 우리는 독자에게 재미를 선물해야 하는 사람입니다. 독자는 그들의 소중한 시간을 투자해 콘텐츠를 보기 때문이에요.

나는 콘텐츠에 내 말투를 넣어봅니다. 나름의 개성이죠. 평소 당황할 때 내뱉는 입버릇으로 "맙소사", "아뿔싸", "어머니" 등을 콘텐츠에 넣으면 신기하게도 불필요한 말을 덜어내는 데에도 도움이 됩니다. 메시지도 보다 확실하게 전달할 수 있고요. 또한 말투는 딱딱한 문장을 생동감 있게 읽히도록 도와줍니다.

다음 이미지를 읽어보세요. 실제 대화를 에피소드에 녹여봤습니다.

오시는 분들에겐 선물로
레고를 드려야겠어요ㅎ

어머, 정말요?
완전 좋다!

근데.. 몇 명이나 오시죠?

120명이요ㅎ

분명
준다고 했다?

어머니….

아~ 증말 부질없다~
손을 수갑으로 채우든가 해야지~

휙
휙

여기서 "아~"라는 추임새와 "증말"은 따지고 보면 굳이 쓸 필요가 없는 단어지만 자연스럽게 읽히지 않나요? 문장부호로 붙은 물결표도 운율처럼 느껴지고요. 글을 잘 쓰는 데 목적을 두기보다 독자가 읽기 쉽고, 기억 속에 오래 머무를 수 있는 문장을 쓰세요. 방법은 단순합니다.

✅ 낯선 단어들을 조합하자
남과 다른 글쓰기 방법

선조들은 '보잘 것 없는 힘으로 대들어 봐야 소용없다'라는 의미를 "계란으로 바위치기"라고 표현했습니다. 같은 말이지만 "야, 그거 해봐야 소용없는 일이야. 그게 얼마나 힘든 일인데"라고 말하는 것보다 훨씬 효과적이죠. 또한 속담만 봤을 뿐인데 계란으로 바위치는 모습이 이미지로 구현됩니다. "다 된 밥에 재 뿌리기"도 그렇습니다. 상상만 해도 절로 미간이 찌푸려지지 않나요?

여기서 자세히 살펴봐야 할 부분이 있습니다. 속담들 속 단어를 한번 보세요. 모두가 아는 쉬운 단어로 이뤄져 있는 이 속담들에는 사실 서로 어울리지 않는 단어들이 모여 있다는 사실을 발견할 수 있습니다. 낯선 단어들이 조합해 틀에 벗어난 문장을 만들어낸 거예요. 그것도 의미 전달이 확실한 문장을 말입니다.

문장은 단어의 집합입니다. 그러므로 문장을 잘 쓰기 위해서는 단어를 풍부하게 알고 있어야 해요. 앞에서 간단한

> **속담들 속 단어 살펴보기**
> - 계란, 바위, 치다
> - 밥, 재, 뿌리기

메모를 가지고 글쓰기를 해봤으니, 이제부터는 낯선 단어들로 글 쓰는 연습을 해봅시다.

먼저 글쓰기에 필요한 단어를 모으기 위해 준비할 물건이 하나 있습니다. 바로 국어사전이에요. 신문이나 소설책도 좋지만, 굳이 국어사전을 활용하는 까닭은 단어의 뜻도 함께 공부할 수 있기 때문입니다. 자, 이제 국어사전의 아무 페이지를 펼쳐보세요. 그리고 한 페이지 당 한 단어를 찾아 포스트잇에 적어보는 겁니다. 이것을 열 번만 반복하세요. 그러면 문장에 필요한 단어 열 개를 모을 수 있습니다.

| 나비 | 공부 | 기념 | 구름 | 후회 |
| 짜깁기 | 햇살 | 마음 | 빛나다 | 배우다 |

위의 단어들은 내가 찾은 단어들입니다. 이 단어들을 세 개씩 조합해 문장을 만들어보겠습니다. 여러분도 찾은 단어들을 가지고 다음과 같이 따라해보세요. 단어를 가지고 노는 연습은 상상력을 풍부하게 도와줄 겁니다.

❶ 단어를 조합하면 문장이 된다

| 나비 | 후회 | 마음 |

→ 나비의 마음은 날갯짓을 후회하지 않는다.

아무 단어라도 서로 조합하면 하나의 문장이 됩니다. 하지만 어색한 문장이 되기도 하죠. 위의 문장처럼요. 괜찮습니다. 처음부터 완벽한 문장을 만들지 않아도 됩니다. 이건 연습이니까요. 멈추지 말고 계속 조합해봅시다. 같은 단어의 순서만 바꿔도 새로운 문장이 될 테니까요.

❷ 단어의 순서를 바꾸면 또 다른 문장이 된다

후회　　　나비　　　마음

→ 후회가 나비처럼 날아갔다. 마음이 가벼워졌다.

"후회가 나비처럼 날아갔다"는 문장은 어떤가요? 나는 이런 이미지가 떠오르네요.

횡단보도 하나만 건너면 버스정류장인데, 눈앞에서 내가 타야 할 버스가 지나가버린 거죠. 이렇게 불행하기도 쉽지 않을 겁니다. 온몸에 힘이 빠진 채로 터벅터벅 버스정류장으로 걸어가는데, 그때 기다렸다는 듯이 타야 할 버스가 바로 온다면? 게다가 놓친 버스와는 달리 좌석도 텅텅 비어 있다면? 아마 후회가 나비처럼 날아가버리지 않을까요? 마음이 훨씬 가벼워질 겁니다. 후회했던 걸 후회할지도 모르겠네요. 분명 서로 어울리지 않는 단어였지만, 단어를 잘 조합해보니 고정관념에서 벗어난 문장이 완성됐습니다. 신선하지 않나요?

이렇게 연습을 따로 하지 않으면 활용할 수 있는 단어의 폭은 좁아지게 됩니다. 페이스북만 봐도 그렇죠. 맛있거나 멋있는 걸 표현하는 데 '개', '핵', '폭발' 등의 단어가 자꾸 사용됩니다. 단어의 수위가 갈수록 자극적으로 변하고 있는 것은 온라인상에서 무언가를 표현할 때 이런 자극적인 단어 외에는 표현할 방법이 없다는 의미이기도 합니다. 단어는 오래 사용해야 내 것이 됩니다. 책이나 기사를 보다가 새로운 단어를 만나면 바로 메모해두세요. 지나치게 생소한 단어라서 사용하기 어렵다면 우선 자주 쓰는 단어부터 시작해보세요. 시로 쓰거나 친구에게 편지를 쓰는 것처럼 편한 마음으로 단어를 조합해보는 겁니다. 풍성한 표현을 위해 수시로 연습해보세요.

✅ 설명하지 말자

이해하기 쉬운 문장 쓰는 방법

혹시 단어를 조합한 문장이 길지는 않았나요? 그렇다면 '설명문을 만들고 있는 건 아닌가' 하고 의심해보세요. 콘텐츠 강의에서도 수강생들은 이 작업을 어려워했습니다. 결국에는 아래와 같은 설명문만 잔뜩 만들어왔죠. 그 중 두 개만 살펴봅시다.

❶ Before

값나가다　　　과로　　　느글거리다

→ 과로로 잠이 모자라 속이 느글거리던 정 과장은 값나가는 옷 쇼핑으로 스트레스를 풀었다.

되직하다　　　레슬러　　　미녀

→ 뷰티 파워블로거인 미녀 레슬러는 품평을 위해 되직한 크림을 얼굴에 펴발랐다.

이들은 상황을 제대로 전달하려는 욕심 때문에 자꾸 문장으로 설명하려 했습니다. 문장을 새롭게 만들어야 한다는 압박감에도 시달렸을 거고요. 그러나 문장이 길어질수록 독자는 무슨 이야기를 하고 있는 건지 이해하기가 어려워집니다.

나라면 이렇게 만들었을 겁니다.

❷ After

<u>값나가다</u>　　　<u>과로</u>　　　<u>느글거리다</u>

→ 값나가는 과로에 속이 느글거린다.

<u>되직하다</u>　　　<u>레슬러</u>　　　<u>미녀</u>

→ 원래 미녀와 레슬러의 마음은 되직한 법!

조금 이상한 것 같다고요? 하지만 확실히 길게 설명하는 문장이 없으니 읽기는 훨씬 쉬웠을 겁니다. 우리는 알게 모르게 글을 쓸 때 꼭 정답이나 사실만을 써야 한다는 강박관념에 사로잡혀 있어요. 그렇기 때문에 상상이 되고 재미있는 문장을 만드는 일이 말처럼 쉽지 않습니다. 그래서 나는 엉뚱한 상상력을 더해봤습니다. '값나가는 과로'는 과로를 꾸며주는 표현이면서 선입견에서 벗어난 말이기도 해요. 마찬가지로 '마음은 되직한 법' 역시 기존의 표현을 뒤집어봤습니다. 마음이 꼭 따뜻하거나 차갑기만 해야 하는 법은 없으니까요.

네이버 포스트 에디터인 '된다' 님은 직접 써본 화장품을 리뷰하는 분으로 유명합니다. 협찬을 받지 않고 직접 쓴 제품이다보니 리뷰도 신랄하죠. 다른 뷰티 에디터들이 열심히 앞, 뒤, 옆, 위 패키지를 촬영할 때, 그녀는 제품의 어떤 점을 부각해서 보여줘야 제대로 된 리뷰일지 고민합니다. 가령 입자가 두껍고, 한 번 뿌릴 때 분사되는 양이 많은 미스트일 경우 그녀는 단 한마디로 정리하죠.

"아오, 이게 침이야 뭐야!"

화려한 미사여구도 없는 짧은 문장이지만, 단박에 어떤 미스트일지 상상이 가지 않습니까? 읽는 순간 독자가 이미지를 그릴 수 있으면 그 문장은 성공한 겁니다. 한 문장으로 절대 모든 것을 설명하려 하지 마세요. 완벽한 문장을 쓰려는 강박이 오히려 의미 전달을 해칠 수 있습니다. 이때 처음부터 핵심을 바로 보여주는 것도 좋은 방법입니다.

❶ Before

"쓰읍… 흠… 하…"
"말을 해요, 제발."

이런 식으로 이야기를 전개하면 독자는 어떤 상황이 벌어지고 있는 건지 정확하게 파악할 수 없습니다. 상대방이 왜 말하기를 머뭇거리는지 알려주는 문장이 없기 때문입니다.

❷ After

"배달시킬 건데, 저녁 뭐 드실 거예요?"
"쓰읍… 흠… 하…"
"말을 해요, 제발."

구체적인 문장을 추가했습니다. 첫 문장부터 이들이 겪고 있는 상황을 바로 보여준 덕분에 전체 이야기를 이해할 수 있게 됐죠.

이제 조금 더 어려운 사례를 살펴볼까요? 우리 주변에는 읽기 싫게 만드는 문장이 많습니다. 가령 이런 글처럼요.

① Before

사운드바와 서브우퍼에 각각 40W, 50W가 내장돼 고음질로 영화나 음악 감상 시 입체감을 더해주고, 14가지의 사운드 모드와 저음과 고음 조절이 가능해 취향에 맞는 사운드를 경험할 수 있는 고급스러운 디자인의 슈퍼 스피커가 출시됐습니다.

한 번에 잘 읽히나요? 무슨 말을 하는 건지는 알겠지만 가독성이 매우 떨어집니다. 이 문장의 결론은 '스피커가 출시됐다'는 거지만 이를 수식하는 말이 너무나도 많아요. 이럴 때는 수식하는 문장을 과감하게 댕강 잘라보면 문장이 훨씬 가벼워질 수 있습니다.

② After

고급스러운 디자인의 슈퍼 스피커가 출시됐습니다.
사운드바와 서브우퍼에 각각 40W, 50W가 내장돼 있습니다.
영화나 음악 감상 시 비교할 수 없는 입체감을 더해줍니다.
14가지 사운드 모드에 저음과 고음 조절도 가능해 취향에 맞는 사운드를 경험할 수 있습니다.

기존의 한 문장을 네 개의 문장으로 나눴습니다. 덕분에 문장도 가벼워지고 쉽게 읽히지 않나요? 글을 쓸 때는 되도록 한 문장이 두 줄을 넘어가지 않도록 쓰는 것이 좋습니다. 만약 어느 부분을 나눠야 할지 모르겠다면, 대상을 꾸며주는 말이 너무 길진 않은지 확인해본 뒤 문장을 나눠보세요. 한결 깔끔한 문장을 만들 수 있을 겁니다.

✅ 뇌를 말랑말랑하게 만들자
고정관념에서 벗어나는 연습

우리는 단어가 지닌 고정관념을 버릴 줄 알아야 합니다. 에어비앤비의 카피야말로 고정관념을 버린 대표적인 예라고 할 수 있죠.

"여행은 살아보는 거야!"

이전만 해도 여행은 여기저기 돌아다니며 사진을 찍거나 맛있는 것을 먹는 일에 불과했습니다. 하지만 에어비앤비는 그런 고정관념에서 벗어나 실제 사람이 사는 집에 함께 머물면서 새로운 문화와 사람을 만나야 '진짜 여행'이라고 말합니다. 그것을 '여행'과 '살다'의 낯선 조합만으로 메시지를 전달했죠. 누군가는 공유경제의 흐름 덕분에 이들이 성공했다고 말하고, 또 누군가는 그들이 공유경제를 만들었기 때문이라고도 말합니다. 하지만 나는 에어비앤비가 성공한 이유 중에 이 카피도 한몫했을 거라고 감히 말하고 싶네요.

그렇다면 에어비앤비처럼 고정관념에서 벗어나는 방법은 무엇이 있을까요? 세 가지 방법을 소개해드리겠습니다.

❶ 서로 다른 이야기를 합치기

생텍쥐페리(Saint Exupery)는 "언어는 모든 오해의 근원이다"라는 말을 남겼다. 실제로 우리 주변에서 어떤 말 때문에 오해를 낳는 경우가 빈번히 발생한다. 그럴 땐 그냥 대화를 끝내는 게 더 나을 수도 있다. 예를 들면 이렇게.

"오빠, 나 살 쪘어?"

"헤어지자."

생텍쥐페리의 말과 연인과의 싸움이 하나의 이야기가 됐습니다. 서로 다른 이야기지만 자연스럽게 연결돼 재미를 느낄 수 있죠.

❷ 간단한 말장난 섞기

살아가며 수많은 고민과 맞서는 것이 인간의 숙명여대다. 하지만 대체로 별것 아니다. 2주 전에 무슨 고민을 했는가? 잘 기억나지 않는 것이 알랭 드 보통이다.

본래의 의미를 약간만 뒤틀었습니다. 다소 유치한 말장난이지만, 뭐 어떻습니까. 새로운 문장으로 보이는 데에는 성공적이니 꽤 괜찮은 방법이라 할 수 있죠.

관점을 바꿔 새로운 시각을 보여준 사례도 있습니다. 1975년, 게리 로스 달(Gary Ross Dahl)은 친구들과의 술자리에서 자신들이 기르는 반려동물에 대한 이야기를 듣고 있었죠. 그의 친구들 대부분은 강아지나 고양이의 비싼 사료 값과 진료비에 부담을 느끼고 있었습니다. 이때 조용히 듣고 있던 달은 이런 농담을 던졌어요.

❸ 관점 뒤집기

"나는 돌을 키워(I have a Pet-Rock)."

그의 농담은 계속 이어졌습니다. 밥 줄 필요도 없고, 똥도 안 치워도 되고, 말썽도 피우지 않는다고요. 하지만 농담으로 내뱉은 이 이야기를 시작으로 달은 사업으로까지 확장시켰습니다. 이 사업은 매우 성공적이었죠. 그는 순종 페트락(Pure Blood Pet-Rock)이란 이름으로 6개월 동안 150만 개의 돌을 팔았으니까요. 그것이 끝이 아닙니다. 돌을 자신의 반려동물처럼 끝없이 상상하고 기록한 끝에 〈페트락 훈련 교본(Pet-Rock Training Manual)〉을 완성시켰죠.

그는 어디에서나 볼 수 있는 돌에 대한 편견을 부수고, 돌의 심리와 행동 특성을 자유롭게 묘사했습니다. 관점을 달리 하니 돌도 새롭게 보이지 않나요? 이것은 어떤 형태의 콘텐츠라도 적용시킬 수 있습니다. 〈TV 동물농장〉은 그와 비슷한 관점으로 동물을 바라본 사례라고 할 수 있습니다. 우리가 동물의 입장이 돼볼 수 있도록 동물들의 속내를 성우

〈페트락 훈련 교본〉의 일부 내용

1. 혈통에 대해

당신의 페트락은 이집트 피라미드와 유럽 고대 도시의 자갈길, 중국 만리장성 속 선조들, 아니 시간이 시작된 그 순간 너머까지 혈통이 이어져 있다.

2. 기본훈련에 대해

"이리 와" 같은 명령은 부드럽지만 단호하게 해야 한다. 처음에 아무 반응이 없으면 정상이다. … 페트락이 너무 멍청하다고 불평하는 고객들도 있지만, 모든 훈련에는 극도의 인내심이 요구된다. … 하지만 "멈춰"나 "앉아" 같은 명령에는 기가 막히게 잘 따를 것이다.

3. 심화훈련에 대해

"굴러" 같은 기술을 익히게 하려면 경사진 곳에서 훈련시키는 게 좋다. 일단 구르기 시작하면 지칠 때까지 구를 것이다. '죽은 척하기'는 페트락의 주특기다.

가 대변해서 전하고, 그들의 하루를 기승전결 짜임새 있게 보여주거든 요. 사람의 눈으로 봤을 때는 이해할 수 없던 동물의 문제 행동을 깊이 생각해볼 수 있도록 도와주는 동시에, 행동 원인과 해결점을 찾아가는 과정을 무척 흥미롭게 만들어낸 겁니다.

앞서 낯선 단어들의 조합으로 새로운 문장을 만들 때, 고정관념에서 벗어나기가 매우 어려웠습니다. '후회'는 어떤 사건 이후의 미련을 소재 로 삼아 글을 써야만 할 것 같았고, '나비'는 꽃밭을 살랑살랑 날아다니 는 모습만이 떠올랐거든요. 하지만 수십 번 연습한 후에는 '나비가 뛰어 간다' 정도의 표현을 떠올릴 수 있었어요.

소개한 세 가지 방법으로 굳어버린 뇌를 말랑말랑하게 만드세요. 나 만의 재미난 메시지를 전달할 수 있을 겁니다.

기본부터 탄탄하게

맞춤법/문장 호응/외국어와 외래어 남용 문제

글쓰기의 기본은 단연 맞춤법입니다. 너무 당연한 말이라 '뭐 이런 걸 글로 쓰나' 하는 생각이 들겠지만, 언제나 기본은 제일 쉬우면서도 제일 어려운 법이거든요. 사람들이 은근히 자주 틀리는 맞춤법들에는 어떤 것이 있을까요?

❶ 일부로/일부러

너 지금 나한테 일부로 그러는 거야?

→ 너 지금 나한테 일부러 그러는 거야?

❷ 왠일로/웬일로

왠일로 일찍 출근했냐?

→ 웬일로 일찍 출근했냐?

❸ 오랫만/오랜만

이야, 진짜 오랫만이다!

→ 이야, 진짜 오랜만이다!

❹ 깨끗히/깨끗이

집 청소는 깨끗히 했어?

→ 집 청소는 깨끗이 했어?

❺ 몇일/며칠

여행 일정이 **몇일**이나 걸리지?

→ 여행 일정이 **며칠**이나 걸리지?

❻ 어따 대고/얻다 대고

어따 대고 삿대질이야?

→ **얻다** 대고 삿대질이야?

여섯 개 모두 정답을 맞히셨나요? 화려한 비유나 수식이 없어도 맞춤법을 잘 지킨 글은 깔끔하고 가독성도 좋습니다.

다음은 문장 호응 관계에 대한 예시입니다.

❶ Before

<u>문제는</u> 청소년들이 해로운 폭력 게임에 자주 <u>노출되고 있다.</u>

어색하지 않나요? 이 문장은 주어와 서술어가 맞지 않아 흐름이 매끄럽지 않습니다. 문장을 한번 고쳐볼까요?

❷ After

<u>문제는</u> 청소년들이 해로운 폭력 게임에 자주 <u>노출되고 있다는 것이다/사실이다.</u>

'문제는 ~ 것이다/사실이다'로 바꾸니 한결 자연스럽게 읽힙니다. 물론 잘못된 문장이더라도 눈치 빠른 사람들은 어떻게든 의미를 이해하겠죠. 하지만 호응 관계가 바르지 않은 문장이 반복되면 가독성이 떨어지기 마련입니다.

다음은 외국어와 외래어 남용에 대한 사례입니다.

❶ Before

이번 S/S 컬렉션은 옷을 <u>모던</u>하게 재해석했다. <u>박시</u>하고 <u>심플</u>한 <u>실루엣</u>과 <u>웨어러블</u>하면서 <u>유니크</u>한 <u>스타일</u>이 특징이다.

분명 우리말로 적혀 있지만 머리가 지끈지끈 아파옵니다. 세종대왕도 가장 싫어하는 문장이 이런 종류가 아닐까요? 외국어나 외래어가 많으면 무슨 말인지 단박에 이해하기 어렵습니다. 그럼 이렇게 고쳐보는 건 어떨까요?

❷ After

이번 S/S 컬렉션은 옷을 <u>현대적으로</u> 재해석했다. <u>크고 단순한</u> 선을 강조해 편안하면서도 <u>개성이 돋보이는</u> 스타일이 특징이다.

가능한 우리말로 대체할 수 있는 단어는 바꿔 써보세요. 독자의 이해를 돕는 동시에 내용도 더욱 명확해질 겁니다.

이렇듯 우리도 모르게 틀린 문장을 자주 쓰곤 합니다. 그럼 어떻게 해야 올바른 문장을 만들 수 있을까요?

답은 의외로 간단합니다. 글을 써본 뒤 한번 소리 내어 읽어보는 거죠. 읽다가 중간에 '턱!' 하고 막히거나 고개가 절로 갸웃되는 순간이 있다면 글을 다시 고쳐보는 거예요.

그런 의미에서 이번에는 여러분이 다음 문장들을 직접 고쳐보며 익혀보도록 합시다.

1. 우리가 알아야 할 점은 사원나부랭이는 동안이다.

🖊 _____

2. 우리가 한글을 세계의 다양한 문자들과 비교해보면 매우 조직적이며 과학적이고 독창
적인 문자라는 사실을 알 수 있다.

🖊 _____

_____

3. 어렸을 때 나는 중창단을 지휘한 적이 있었다. 그 이후 나는 지휘자가 되겠다는 생각을
해본 적이 한 번도 없었다.

🖊 _____

_____

3. 어렸을 때 나는 중창단을 지휘해 본 적이 있다. 그 이후 지휘자가 되겠다는 생각을 한 번도 한 적이
있었다.

2. 한글과 세계의 다양한 문자들을 비교해보면 한글은 매우 조직적이고 과학적이며 독창적인 문자라는 사실을 알 수
있다.

1. 우리가 알아야 할 점은 사원나부랭이가 동인이라는 것/사실이다.

Chapter 3

잘되는 건
다 이유가 있다

#평범한_듯_특별하게_만드는_비결

비밀

· · · · · · · · ·

우리는 재미있는 게 있으면 주변 사람들과 공유합니다. 학창 시절, 월요일에 친구들을 만나면 "너 어제 개콘 봤어?"라고 했던 것처럼, 지금은 "이 영상 한번 봐봐" 하고 친구의 이름을 태그(@)하면서요.

콘텐츠 전문가가 아니어도 재미있는 콘텐츠는 누구나 단번에 알아봅니다. 목소리가 들리는 듯한 텍스트, 분위기를 연출하는 색감, 등장인물의 말투와 표정, 예상을 깨는 반전 등은 모두 재미를 느끼게 하는 요소들이죠. 뜨는 콘텐츠에는 이런 요소들이 숨겨져 있습니다. 같은 이야기를 해도 자기만의 요소로 남들과는 다른, 누구보다 재미있는 이야기를 전하는 겁니다.

여러분의 콘텐츠가 많은 사람들의 주목을 받고 싶다면 먼저 독자에게 재미를 선물하세요. 사람들의 입을 타고 알아서 멀리멀리 퍼져나갈 겁니다. 그럼 재미를 전하려면 어떤 과정을 거쳐야 할까요? 현재 뜨겁게 주목받는 콘텐츠의 비밀을 한번 파헤쳐봅시다.

✅ 하나만 잘해라
강점 내세우기

〈72초 TV〉는 원래 72초 안에 하나의 주제를 보여주던 영상 콘텐츠였습니다. 지금은 인기가 많아지면서 보다 다양한 소재를 다루게 됐고, 시간도 꽤 길어지면서 다양한 시리즈가 나왔죠. 그 중 하나를 소개하려 합니다. 바로 〈72초 데스크〉입니다.

〈72초 데스크〉는 누구나 공감할 법한 상황들을 뉴스 형태로 제작해 보여줬습니다. 특히 '엄마의 등짝 스매싱 VS 딸의 방문 쾅 닫기'라는 제목의 영상은 엄마와 딸의 싸움을 뉴스 형식으로 제작해 많은 사람들의 공감을 얻었어요. 내용은 이렇습니다.

우연히 딸의 주머니에서 나온 헤어숍 영수증. 엄마는 "티도 안 나는 머리를 20만 원이나 주고 했냐"며 딸을 구박한다. 딸은 "내 돈 주고 내 머리도 마음대로 못하냐"고 대든다.
영수증으로 시작된 두 사람의 싸움은 엄마의 등짝 스매싱으로 일단락된다. 딸은 책 한 권을 옆에 두고 서럽게 운다. 책 제목은 《과연 제가 엄마 마음에 들 날이 올까요?》다.

전국의 딸들은 이 콘텐츠에 엄청난 반응을 보였죠. 72초 데스크에서 우리 집을 몰래 보고 간 거 아니냐며 착한 시비를 걸기도 했을 정도입니다. 그런데 과연 딸들만 공감을 했을까요? 신기하게도 아들들도 공감한다며 댓글을 달았습니다. 나도 그 중 한 명입니다. 꼭 딸이 아니더라도 부모와 자식 간에서 흔히 일어날 수 있는 일이니까요.

이처럼 〈72초 데스크〉는 일상 속 누구나 공감할 법한 이야기를 놓치지 않았습니다. 그뿐만이 아니죠. 거기에 이들이 가장 잘하는 '뉴스 형식'의 영상으로 접목시켰습니다. 어느 곳에도 볼 수 없던 경쟁력 있는 콘텐츠로 제작한 거죠.

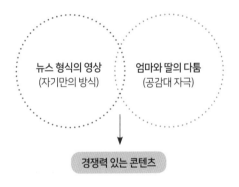

마찬가지로 모두가 공감하고 재미를 느낄 수 있는 콘텐츠 소스로 자기만의 콘텐츠를 구축한 곳이 있습니다. 〈TV동물농장〉의 페이스북 페이지 〈애니멀봐〉입니다. 동물들의 사랑스러운 모습을 큐레이션해 영상으로 보여주는 이곳은 독자의 참여를 유도하며 크리에이터와 독자가 함께 즐기는 콘텐츠로 만들었어요. '이슬이'라는 이름의 동물 영상이 게시된 날에는 전국의 이슬이를 다 본 듯했습니다.

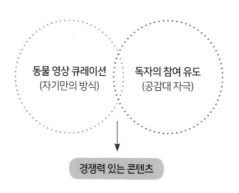

혹시 이걸 읽고 나니, 콘텐츠를 만들고 싶은 열정이 마구 불타오르나요? 진정하세요. 다시 한번 짚고 넘어가야 할 부분이 있거든요.

좋은 콘텐츠를 만들 땐 '선택'을 해야 합니다. 〈72초 데스크〉와 〈애니멀봐〉 역시 하나의 콘텐츠에 많은 것을 꾸역꾸역 넣지 않았죠. 〈72초 데스크〉는 뉴스 형식의 기승전결로 영상을 보여줬고, 〈애니멀봐〉는 독자와 소통하는 콘텐츠로 다른 콘텐츠와의 경쟁력을 갖췄습니다. 여러분도 어떻게 전달할 건지 또는 어떤 방식을 취할 건지 하나만 정하세요.

✅ 옐로카펫을 깔아라
평범함에 장치 더하기

서울 성북구 길음동에서는 특별한 풍경을 볼 수 있습니다. 초등학교 앞 횡단보도에 삼각형 모양으로 노란 페인트가 칠해져 있거든. 이 노란색 페인트는 국제아동인권센터가 고안한 '옐로카펫(Yellow Carpet)'입니다. 이곳에 아이들이 서면 멀리서 한눈에 보여 지나가는 차량의 안전 운

전을 유도할 수 있습니다. 실제로 노란 페인트가 칠해진 영역에서 초등학생들이 신호를 기다린 덕분에 사고 발생률이 훨씬 낮아졌어요. 평범한 길에 노란색 페인트만 칠했을 뿐이지만 효과는 탁월했죠.

크리에이터 역시 평범한 이야기에 옐로카펫을 깔아줘야 합니다. 콘텐츠에 담긴 메시지를 독자에게 효과적으로 전달할 수 있도록 말입니다. 거창한 방법이 아니어도 괜찮습니다. 지금부터 단순하지만, 독자의 이해를 돕는 데 탁월한 방법들을 소개해드릴게요.

첫째, 독자가 글을 '술술' 읽도록 만드세요. 네이버 포스트 에디터인 '좀 놀아본 언니'는 독자의 고민을 상담하는 콘텐츠를 제작하고 있습니다. 그는 콘텐츠를 제작하기 전에 먼저 원고를 직접 읽어보며 매끄럽지 않거나 어색한 부분을 수정해요. 덕분에 독자는 누군가가 말해주는 것 같은 친근함까지 느낄 수 있습니다.

둘째, 전하고 싶은 말을 '제대로' 표현하세요. 텍스트로 전달하고 싶은 메시지가 있을 때는 글씨 크기, 글씨체, 문장 부호 등으로 메시지를 강조할 수 있습니다. 같은 문장이어도 다르게 읽히게 하거든요. 그러므로 전하고 싶은 말을 어떻게 표현할지 정하면 더욱 좋습니다. 아래 글을 직접 소리 내어 읽어보며, 상황을 이미지로 그려봅시다.

❶ "안녕…"
- 글씨가 작고, 말줄임표가 있다.
- 기운이 없어 보인다. 또는 바로 옆 사람에게 속삭이듯 말하는 것처럼 느껴진다.

❷ "안녕?"
- 보통의 글씨크기다. 물음표가 있다.
- 읽을 때 끝이 올라가며 발랄하게 읽힌다. 길을 가다 만난 친구와 바로 앞에서 인사하는 모습이 그려진다.

❸ "안녕!"
- 글씨가 크고, 굵다. 느낌표도 있다.
- 누군가에게 큰소리로 인사하는 모습이 상상된다.

❹ "안녕!!!!!!!!!!!!!!!!!!!!!!!!!"
- 글씨가 크고, 굵다. 느낌표가 많다.
- 위와 비슷한 상황이 상상되지만, 조금 더 큰소리로 외치는 듯한 느낌이 든다. 이처럼 느낌의 개수를 조절하면 목소리의 강약을 줄 수 있다.

❺ "안.녕."
- 글씨가 엄청 크고, 빨간색이다. 단어 중간 중간에 마침표도 있다.
- 한 글자씩 딱딱 끊어서 읽어야 한다. 주로 섬뜩하고 무서운 분위기를 연출할 때 사용된다.

> **콘텐츠 제작 시 자주 쓰이는 색상의 상징**
>
> ● 빨간색 : 위험, 불, 정열, 공포
>
> ● 노란색 : 적극, 희망, 만족, 유쾌
>
> ● 초록색 : 안전, 평화, 휴식, 여름, 숲
>
> ● 파란색 : 바다, 차가움, 냉정

셋째, '색'을 더해보세요. 훨씬 더 효과적으로 메시지를 전달할 수 있습니다. 독자는 색을 보고 무의식적으로 콘텐츠의 분위기를 파악하니까요. 앞의 예시 5번처럼 말입니다.

어떤 의도를 가지고 색을 활용했다면 독자도 의도한 바를 알아챌 수 있어야 합니다. 색을 어떻게 써야 하는지 잘 모르겠다면 강조하고 싶은 메시지를 찾아보고, 강조하고 싶은 이유가 무엇인지 고민해보세요. 무엇을 표현하고자 하느냐에 따라 색을 어떻게 넣어야 하는지, 얼마나 다양하게 사용해야 하는지를 정할 수 있기 때문입니다. 만약 별다른 고민 없이 텍스트에서 색을 남발한다면 어떻게 될까요?

❶ 색 사용의 잘못된 예

씀씀이가 겁도 없이 커지고 있어 **특단의 계획**을 세웠습니다.

(1) 간편 결제 앱, 서비스 모두 지우기

(2) 용돈기입장을 쓰기

(3) 통화 연결음 서비스 해지하기

(4) 핸드폰 요금제 낮추기

(5) 한 달 용돈은 딱 40만 원만 쓰기

이렇게 멋진 계획을 세운 제 자신을 축하하기 위해 인터넷에서 레고를 샀습니···

아···

너무 극단적인 예시처럼 보이나요? 그러나 SNS를 돌아다니다 보면 이런 글이 상당히 많습니다. 이렇게 아무 의미 없이 색을 남발하면 독자는 무엇에 더 집중해야 되는지 알 수 없습니다. 이것을 이렇게 바꿔보는 건 어떨까요?

❷ 색 사용의 옳은 예

씀씀이가 겁도 없이 커지고 있어 **특단의 계획**을 세웠습니다.
(1) 간편 결제 앱, 서비스 모두 지우기
(2) 용돈기입장을 쓰기
(3) 통화 연결음 서비스 해지하기
(4) 핸드폰 요금제 낮추기
(5) 한 달 용돈은 딱 40만 원만 쓰기
이렇게 멋진 계획을 세운 제 자신을 축하하기 위해 인터넷에서 레고를 샀습니…
아…

먼저 '씀씀이를 줄이기 위한 특단의 계획'에 대한 이야기임을 알려주기 위해 주제를 굵게 표시하고 1~5까지의 계획은 아무 강조 없이 나열합니다. 이 이야기에서 중요한 부분은 계획이 아니라 그 계획을 뒤엎는 '반전'이기 때문이죠. 그러므로 레고를 구매한 후 내뱉는 탄식을 빨간색으로 굵게 강조해 독자가 주목할 수 있도록 합니다. 이렇게 바꾸니 이야기에서 가장 보여주고 싶은 반전 부분이 훨씬 와닿지 않나요?

이외에도 이모티콘이나 줄바꿈(엔터) 역시 많을수록 손해입니다. 과하게 사용하면 가독성을 해치니까요. 특히 정작 독자가 알고 싶은 내용이 들어 있지 않다면 욕먹는 건 시간문제입니다. 우선 가치 있는 내용을 담고 있는지 확인해볼 필요가 있습니다.

여러분의 콘텐츠에도 장치를 설치해보세요. 가독성, 색, 서체에 따라 더욱 멋진 이야기로 변할 수 있을 겁니다. 쉬운 듯하지만 막상 하다 보면 이것저것 다양하게 해보고 싶어서 몸이 근질거릴 수도 있습니다. 그럴 때는 자신의 콘텐츠를 독자의 입장으로 바라보면 도움이 됩니다. '만약 내가 독자라면 많은 색이 사용되고 작은 글씨 크기로 만든 콘텐츠가 더 읽기 편할까, 아니면 중요한 부분에만 색으로 강조하고 적당히 보기 좋은 글씨 크기로 맞춘 콘텐츠가 더 읽기 편할까?' 하고 한번 생각해보는 거예요. 그러면 의외로 쉬운 작업이 될 수 있습니다.

✅ 누가 내 콘텐츠를 볼까
독자 설정 작성 방법

'누가 내 콘텐츠를 볼까' 하고 생각해본 적 있나요? 콘텐츠를 이제 막 시작하려는 크리에이터라면 이에 대해 구체적으로 생각해본 적이 아마 없을 겁니다. 단지 어떤 콘텐츠를 만들 건지, 어떻게 만들 건지에 대해서만 골똘히 생각해봤겠죠. 하지만 뜨는 콘텐츠를 만드는 크리에이터는 이미 어떤 독자가 자신의 콘텐츠를 볼지 알고 있습니다. 심지어 자신의 콘텐츠를 볼 특정 독자만을 생각하며 콘텐츠를 제작하고 있죠.

이번에 소개할 비밀은 뜨는 콘텐츠가 되기 위한 가장 중요한 비밀이라 할 수 있습니다. 바로 '독자 설정'입니다. 사실 이 작업은 마케팅을 활용한 시각디자인 수업이나 광고·홍보를 전공한 분들이라면 다 아는 '페르소나(persona)'와 유사합니다. 페르소나는 특정 제품 또는 서비스를 사용할 만한 가상의 인물을 뜻하며, 목표 고객이나 고객의 니즈를 가상의 인물을 통해 구현해보는 작업이기도 합니다. 콘텐츠에 대입해 말하자면, 자신의 콘텐츠를 볼 가상의 독자를 구체적으로 떠올려보고, 그 독자에게 딱 맞는 콘텐츠를 상상해보는 작업이라 할 수 있어요.

나는 콘텐츠를 만들 때 항상 김은영 씨를 생각합니다. '사회생활에 지쳐 퇴사여부를 고민하는 김은영 씨를 위해 무슨 이야기를 하면 한 번 더 웃을 수 있을까?'를 가장 먼저 고민하면서 말이에요. 일주일 동안 겪은 일들 중 몇 가지 콘텐츠 소스를 골라 김은영 씨가 좋아할 만한 선물을 주기 위해서입니다. 만약 여러 개의 콘텐츠 소스 중 하나만 골라야 하는 상황이라면 마지막 하나의 질문을 더 해봅니다.

"어떤 이야기를 해줘야 김은영 씨의 퇴사를 막을 수 있을까?"

사원나부랭이의 독자 설정

열심히 살아보겠다며 당당히 서울로 상경한 25세 사회초년생 김은영 씨.

그녀는 학창시절만 해도 취업만 하면 연봉 3,000만 원은 그냥 받을 줄 알았고, 부모님에게 용돈 척척 갖다 줄 수 있는 딸이 될 수 있을 거라 생각했다. 하지만 현실은 달랐다. 월세, 공과금, 교통비, 식비까지 지출하고 나면 그저 자기 한 몸 먹고 살기도 바빴기 때문이다. 오늘도 잠들기 전에 고민하는 것은 고작 '내일은 뭐 입지?'나 '점심에 뭐 먹지?' 정도다. 멋진 회사원의 모습은 온데간데없이 사라지고 초라한 모습이다.

이런 고민을 해결할 수 있는 확실한 답은 '퇴사'라고 생각한다. 당장의 생계는 어렵겠지만 적어도 지금보다는 나을 테니 말이다. 무엇보다 퇴사하면 팀장 그 새끼 얼굴을 더 이상 보지 않아도 된다.

"그래서 퇴사를 할까, 하지 말까?"

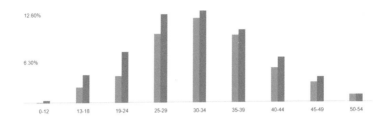

실제로 매월 사용자 분석을 해보면, 조회수나 신규 팔로워로 20대 중후반의 여자가 훨씬 많습니다. 즉, 김은영 씨는 콘텐츠 제작을 위해 설정된 가상의 인물이자 동시에 실제 콘텐츠의 독자이기도 한 거죠. 그들 모두 김은영 씨와 비슷한 상황을 겪고 있기 때문에 콘텐츠에 보다 공감하고 웃을 수 있었던 겁니다. 크리에이터야말로 인류 평화를 지키는 역할을 톡톡히 하고 있는 건 아닐까 싶을 정도로, 우리는 사람들을 웃기고, 위로하고, 감정을 나누며 소통까지 합니다. 여러분은 누구를 위해 콘텐츠를 만들고 싶나요? 같이 독자를 설정해봅시다.

독자를 설정할 때에는 최대한 상세히 작성하는 것이 좋습니다. '그는 대학생이다'라고만 정하면 독자가 정확히 누구인지 상상할 수 없을 테니까요. 이름은 뭔지, 어느 학교를 다니는지, 몇 학년인지, 평균 학점은 어느 정도인지 등을 구체적으로 설정해야 크리에이터로서 무슨 말을 전해줘야 할지가 떠오릅니다.

여행 콘텐츠를 만든다고 생각해보죠. 여행 콘텐츠는 이미 온라인상에 많습니다. 이럴 때일수록 자기만의 색깔을 갖춘 도전 정신이 필요한 법이에요. 그럼 여행 콘텐츠의 독자 설정은 어떻게 해야 할까요?

나는 '피부에 신경 쓰는 남자'를 대상으로 한 여행 콘텐츠로 생각해봤습니다. 무작정 여행 정보를 공유하는 콘텐츠보다 '아기 피부를 꿈꾸는 회사원'이란 주제로 콘텐츠를 진행하면 이와 비슷한 고민을 갖고 있거나 정보를 얻고 싶은 독자에게 훨씬 유익한 이야기를 들려줄 수 있지 않을까요? 이 콘텐츠에서는 여행의 전반적인 사항을 모두 다루기보다는 남성용 뷰티용품을 살 수 있는 곳, 체험할 수 있는 곳, 피부가 좋아하는 음식과 맛집 소개 등을 담는 것이 어울릴 겁니다.

고민 없이 적당히 사진 찍고 여행 콘텐츠를 올리면 평범하기만 할 뿐입니다. 물론 "난 평범한 게 좋은데?"라고 반문할 수도 있어요. 하지만 평범한 이야기를 누가 듣고 싶어 할까요? 독자 설정은 경쟁력 있는 콘텐츠의 기반을 만드는 중요한 작업인 만큼 "할까 말까"의 기준으로 쉽게 정할 수 있는 문제가 아닙니다. 꼭 거쳐야 할 관문인 셈이죠.

✔ K의 독자 설정
독자 설정 추론하기

콘텐츠 강의에서 수강생들과 이 작업을 함께한 적이 있습니다. 그 중에서도 K는 독자 설정하는 데 어려움을 호소했죠. 콘텐츠 주제를 잡는 것부터 난항을 겪고 있었기 때문입니다.

확실한 주제가 없어 연재를 시작할 수 없겠다며 우울해하던 K에게 도움이 되고 싶었습니다. 문득 지난 겨울 소재가 없었을 때 '소재가 없는 것'을 소재로 연재했던 '90화 소재 고갈' 편이 생각났죠. 차라리 K도 지금의 상황을 소재로 쓰는 게 어떨까 하는 생각이 들었습니다. 우리는 대화를 통해 독자를 구체적으로 그려보기 시작했어요.

"K씨의 콘텐츠는 몇 살이 읽었으면 좋겠어요?"

"음, 스물 둘이요."

"그럼 그때 방황을 잊고 싶은 마음에 열심히 학교를 다니고 있을까요, 아니면 방황을 극복하기 위해 휴학했을까요?"

"2학년 끝나고 휴학한 게 좋겠어요."

"왜 휴학했을까요?"

이러한 질문들을 숱하게 주고받은 후에야 K의 독자 설정을 완성할 수 있었습니다. K는 독자 설정을 하고 나니 어쩐지 자기 이야기를 쓴 기분이라며, 이제 콘텐츠를 잘 만들 수 있을 것 같다고 말했죠. 그녀가 자신감을 얻은 건 당연합니다. 제일 잘할 수 있는 '나'의 이야기니까요.

K의 독자 설정

대학교 2학년 2학기를 마치고, 1년간의 휴학을 결정한 22세 대학생 김민지.

딱히 가고 싶은 과도 없어, 취업에 도움된다는 경영학과에 입학했다. 전공 공부에 그다지 흥미가 없었지만, 무난하게 3.7학점을 유지하며 2학년 2학기를 마쳤다.

문득 '이렇게 살다간 평생 재미없이 살 것 같아!' 하는 생각에 휴학을 결정했다. 기다렸다는 듯 100일 유럽여행을 계획하고, 여행 자금 마련을 위해 하루 8시간 카페 알바를 시작했다. 또한 알바 시간 외에는 이 기간에만 할 수 있는 다양한 경험을 해보기로 결정했다. 자기계발이나 인문학 등 다양한 주제의 강연도 들으러 다니고, 이것저것 새로운 것들도 배우기 시작했다.

하지만 그러면서도 계속 따라다니는 고민 하나가 있다.

'다들 스펙 쌓느라 바쁜데, 난 이렇게 놀아도 되는 걸까?'

이제 K는 어떤 콘텐츠를 만들 수 있을까요? 김민지가 갖고 있는 고민을 해결해줄 고민상담 프로젝트를 펼칠 수도 있고, 직접 만드는 '갭이어(gap year, 학업을 잠시 중단하거나 병행하며 진로나 취업을 위해 준비하는 시간) 프로그램'에 대해서 소개해줄 수도 있을 거예요. 이렇듯 예상 독자를 정했을 뿐인데, 하고 싶은 말도 생기고 할 수 있는 콘텐츠도 마구 늘어납니다. 굉장하지 않나요?

독자 설정은 콘텐츠의 주제를 흔들리지 않게 도와주고, 유행에 휩쓸리지 않도록 중심을 꽉 잡아줍니다. 예상 독자를 정의했기 때문에 독자에게 할 말도 쉽게 정할 수 있죠.

컨셉

• • • • • • • •

일본의 대표 택배 기업인 야마토운수(ヤマト運輸)의 로고에는 대표 캐릭터인 쿠로네코(黑猫), 즉 '검은 고양이'가 그려져 있으며, 어미 고양이가 입에 새끼를 물고 나르는 모습을 표현했습니다. 이 로고에서 기업의 확실한 컨셉을 엿볼 수 있어요. "새끼 고양이를 다루듯 고객의 짐을 정성스럽게 원하는 목적지까지 배달해주겠다"는 의미이기 때문입니다.

이 캐릭터를 활용한 광고 덕분에 인지도 역시 빠르게 높일 수 있었습니다. 로고와 마찬가지로 노란색 바탕에 검은 고양이가 등장하거든요. 이렇듯 야마토운수는 택배와 고양이라는 전혀 어울리지 않는 두 요소를 결합해 택배 회사의 새로운 이미지를 만들었습니다. 최근에는 설립 기념으로 검은 고양이와 검은 고양이의 탈을 쓴 사람들이 출연하는 뮤직비디오까지 제작했죠. 컨셉 한번 제대로 잡았습니다.

How to make
the "courier compact" box

　　컨셉은 그림으로 친다면 채색 단계라고 볼 수 있습니다. 같은 스케치여도 어떤 색깔을 입히느냐에 따라 그림이 달라지니까요. 마음에 드는 색깔을 골라 칠하면 각자의 개성이 반영된 작품이 하나 완성되는 것처럼요.

　　여기서 컨셉은 주제가 아니라는 것을 확실히 알고 넘어가야 합니다. 가령 '회사 생활을 콘텐츠로 만들겠다'고 정했다고 칩시다. 그럼 이것은 주제일까요, 컨셉일까요? 헷갈릴 수 있습니다. 하지만 이것은 명백히 주제에 해당됩니다. 컨셉이 되려면 보다 구체적이어야 하거든요. '사회 초년생의 회사 생활을 레고로 표현할 것이다'처럼 콘텐츠의 명확한 방향을 제시할 수 있어야 하는 거죠.

　　이번 장을 통해 컨셉이 무엇인지 제대로 알아봅시다. 차별화된 콘텐츠를 만드는 데에는 확실한 컨셉만한 게 없으니까요.

✅ 이거, 매력적인데?
컨셉의 효과

콘텐츠의 세계는 너무나 치열합니다. 하나의 주제를 열심히 구상해서 만들었는데 이미 다른 크리에이터가 다룬 주제일 수도 있고, 콘텐츠를 선보인 지 1시간도 채 되지 않았는데 새로 올라온 콘텐츠가 지나치게 많아 금방 묻히는 경우도 있죠. 이때 컨셉이 중요한 역할을 합니다. 독자는 컨셉으로 콘텐츠를 기억하거든요. 보통 다른 사람에게 자신이 재미있게 본 콘텐츠를 소개할 때 컨셉을 가지고 설명하는 경우가 많습니다. "어느 회사 사원 이야기인데, 레고로 표현해서 되게 재밌더라? 내용도 공감되고, 무표정한 레고 장난감인데도 표정이 막 상상돼! 한번 볼래?" 이런 식으로 말입니다.

우리는 흔히 남들과는 다르게 개성 있는 말투와 행동을 가진 사람을 '매력 있다'고 표현하죠. 다른 사람에게서 볼 수 없는 모습을 그 사람에게선 볼 수 있기 때문입니다. 컨셉도 마찬가지입니다. 같은 이야기더라도 다른 곳에서 볼 수 없었던 것을 특정 크리에이터에게서만 볼 수 있다면 독자는 그 컨셉에 매력을 느낄 테니까요. 그렇다면 컨셉을 어떻게 잡아야 할까요? 나는 이 방법을 이렇게 표현하고 싶습니다. '단어를 독점한다'고요.

다이소(ダイソー) 매장의 이름은 사실 일본어입니다. 그러나 마치 우리나라 말로 "다 있소"라고 말하는 것 같죠. 다이소는 이 점을 놓치지 않고 활용합니다. 실제로 "필요한 건 다 있소, 원하는 가격에 다 있소, 어디든지 다 있소"라고 홍보하면서 말이에요. 매장에 가면 뭐든 다 있을

것만 같은 매장, 즉, '뭐든지 다 있다'라는 컨셉을 적절히 활용한 겁니다. 단어를 독점해야 독자가 떠올리기 쉬울 테니까요. "일요일" 하면 "아, 짜파게티!" 하는 것처럼 말이죠. 콘텐츠도 그래야만 합니다. 회사 생활을 주제로 하는 수많은 콘텐츠 중 레고로 표현하는 회사 생활 콘텐츠는 딱 하나, 내 이야기뿐입니다. 레고와 회사 생활이란 단어를 독점함으로써 자연스럽게 독자의 머릿속에 각인시켰죠.

여행, 푸드, 경제와 같은 넓은 주제가 아닌 '한복 입고 떠나는 여행', '냉장고 파먹기로 만드는 요리', '스물다섯 살에 도전하면 좋은 금융상품'과 같이 자기만의 단어를 정해 밀어붙이세요. 콘텐츠의 방향을 컨셉으로 정하면 보다 매력적인 콘텐츠가 될 겁니다.

✅ 컨셉 한번 잘 잡았다
컨셉 설정 방법

콘텐츠 강의에서 수강생 모두가 컨셉을 정하는 데 애를 먹었습니다. 이유는 크게 두 가지였어요. 하나는 연재하고 싶은 주제의 범위가 너무 넓어서였고, 다른 하나는 연재하고 싶은 주제를 정해도 이미 그 주제로 제작된 콘텐츠가 너무 많아서였죠.

어렵게 생각할 필요는 없습니다. 먼저 자신이 하고 싶은 주제나 다루고 싶은 소재가 있다면 그것을 '어떻게' 전하고 싶은지 생각해보세요. 나는 스페인어 교육 콘텐츠를 제작해 사람들에게 쉽게 알려주고 싶다던 수강생에게 '초등학생의 일기' 컨셉을 추천했습니다. 컨셉 하나 정했을 뿐인데 그녀는 1시간 만에 콘텐츠를 뚝딱 만들어냈죠.

아래 사례들 모두 수강생에게 콘텐츠의 컨셉에 대해 피드백을 준 이야기입니다. 찬찬히 살펴보면서 컨셉을 어떻게 설정해야 하는지 알아봅시다.

❶ 포토샵 교육 콘텐츠

엄마의 쇼핑몰 업무를 돕고 있는 딸 수인 씨. 포토샵, 일러스트 등의 툴을 잘 다루는 그녀는 자신의 엄마처럼 왕초보도 따라할 수 있는 포토샵 기능을 사람들에게 알려주고 싶다고 했다.

• **Before** : 수인 씨는 이미 포토샵을 주제로 온라인 연재를 하고 있었다. 하지만 기능 위주로 설명하는 그녀의 콘텐츠는 마치 포토샵 교과서를 보는 것처럼 딱딱하고 어렵게만 느껴졌다.

• **Feedback** : "어머님과 겪었던 일을 더해보는 건 어떨까요?"

→ "엄마처럼 왕초보도 따라할 수 있는 포토샵을 알려주고 싶다"는 분명한 목적이 있었다. 이 콘텐츠의 목적을 그대로 컨셉에 담았다.

• **Concept** : "우리 엄마도 하는 포토샵"

• **After** : '쉽다'는 이야기를 직접적으로 하지 않았음에도 굉장히 쉬워 보인다. 구체적인 워딩을 사용했기 때문이다. 콘텐츠의 방향에도 매우 적합한 컨셉이다. 각화의 제목 또한 '수인아, 포토샵 좀 깔아 줘(1화)', '수인아, 여기 로고 좀 넣어 줘(2화)', '수인아, 다 했는데 저장 어떻게 해?(8화)'처럼 컨셉에 맞게 엄마의 입장에서 표현했다.

➋ 발레 수업 콘텐츠

화장품 회사의 선임 디자이너 A. 본업인 디자인보다 취미로 하는 발레에 흥미를 느끼던 A는 많은 사람에게 직장인의 취미로서 발레를 소개해주고 싶다고 했다.

• **Before** : A는 이미 배운 발레 동작들을 매일매일 네이버 포스트에 기록하던 중이었다. 그러나 처음 A의 콘텐츠를 봤을 때 마치 발레 학원 홍보물처럼 느껴졌고, 필명조차 학원 이름 같았다.

• **Feedback** : "먼저 '발레'를 검색해 다른 콘텐츠를 한번 살펴보세요."

→ A는 다른 발레 콘텐츠와 자신의 콘텐츠가 별다른 차별성이 없다는 사실을 깨닫고는 스스로 경쟁력 있는 콘텐츠에 대해 고민하기 시작했다.

• **Concept** : "하라는 디자인은 안 하고, 일보다 열심히 하는 발레"

• **After** : 자신의 직업과 연관 지어 본인만의 개성을 살린 콘텐츠를 만들었다. 현재 직장인의 취미에 대한 이야기를 연재하고 있으며, 특히 디자인만 하다 삶이 따분해진 디자이너들에게 안성맞춤 콘텐츠라는 이미지를 심어주고 있다.

2016.08.29   667 읽음

`시리즈` 일보다 열심히한다, 발레

#12. 디자이너에게 발레가 좋은 이유 - 2

수업을 들으며 선생님들이 했던 말 중에 뇌리에 꽂힌 말이 있다. 예를 들자면발레 할 때 몸이 편안하면 뭔가 잘못된 거예요.취미 발레 한 3년은 해야 가. 끔. 예뻐 보여요. 쉽게 결과를 주지 않는 발레가 디자이너에…

♡ 7   💬 3   🔗

2016.08.11   844 읽음

`시리즈` 일보다 열심히한다, 발레

#11. 디자이너에게 발레가 좋은 이유 - 1

디자이너도 나름 극한직업이다. 에이전시에서 디자이너 생활을 하다가 지금은 인하우스로 옮겨와 일이 수월해지긴 했지만 그래도 마감을 앞두고 놀 피가 마른다. 전쟁 같은 마감을 지나면 반쯤 넋이 나가있곤 하는데…

♡ 15   💬 4   🔗

컨셉 어떤가요? '컨셉 한번 잘 잡았다'는 생각이 들지 않나요? 이외에도 피드백을 받은 수강생 모두 어엿한 크리에이터가 돼 열심히 연재를 하고 있습니다. 컨셉을 확실하게 정해두고 콘텐츠를 제작하면 고민거리도 훨씬 줄어들게 됩니다. 혹시 콘텐츠를 제작하기에 앞서, 당신이 가진 약점 때문에 걱정되나요? 그럼 그것을 컨셉으로 정해보세요. 크리에이터의 약점도 강점으로 빛날 겁니다. 한 사례를 보죠.

1962년, 미국의 렌터카 회사인 에이비스(Avis)는 13년 연속 적자에 허덕이고 있었습니다. 허츠(Hertz)가 렌터카 시장을 장악하고 있었으니까요. 제공하는 서비스에 큰 차이가 없음에도 시장점유율이 자꾸만 벌어지는 이유가 브랜드의 낮은 인지도에 있다고 판단한 에이비스는 대대적인 캠페인을 펼치기 시작했습니다. 이때 선정된 광고대행사 도일데인번벅(Doyle Dane Bernbach, DDB)에서는 에이비스만의 새로운 광고 카피를 제작했죠.

"우리는 2등입니다. 그런데 사람들은 왜 우리를 찾을까요?"
(Avis is only No.2 in rent a car. So why go with us?)

이것은 세계 최초로 2등임을 강조한 카피였습니다. 2등이어서 기다리는 줄이 짧다던가, 2등이기 때문에 더욱 노력한다는 등 오히려 2등이라서 더 좋은 점들을 장점으로 내세우면서 말입니다. 광고를 본 사람들은 강한 인상을 받았습니다. 실제로 1년도 되지 않아 에이비스는 120만 달러 흑자로 돌아섰고, 1962년 당시 11퍼센트였던 시장점유율도 4년 후 35퍼센트로 높아졌죠. 실제로 광고업계에서는 "솔직하고 과감한 광고가 브랜드 인지도를 높였다"고 평가하기도 했습니다.

여기서 우리는 '2등'이라는 컨셉에 주목해야 합니다. 1등만 내세워야 된다는 고정관념에서 벗어나 DDB는 역으로 2등만이 할 수 있는 이야기에 초점을 뒀습니다. 아무도 시도해보지 않은 카피로 에이비스를 더욱 특별하게 만들었고, 덕분에 많은 관심을 받을 수 있었죠. 여러 기업에서 단점이라 생각한 2등이란 단어가 장점이 된 겁니다.

컨셉이 있는 콘텐츠는 다른 콘텐츠와의 차이를 명확히 설명할 수 있습니다. 물론 설명할 필요도 없이 누구든 단박에 알아볼 테지만요. 여러분의 콘텐츠는 같은 주제의 다른 콘텐츠와 어떤 점이 다른가요? 독자가 여러분의 콘텐츠를 봐야만 하는 특별한 이유가 곧 컨셉입니다.

✔ 한마디로 설명하면 뭐다?
핵심 메시지를 읽게 하는 컨셉

내 콘텐츠는 독자에게 솔루션을 제공하고 있습니다. 예상 독자의 문제점이나 고민을 파악하고, 콘텐츠를 통해 용기를 주거나 새로운 통찰력을 선사하는 등 솟구쳐 오르는 퇴사 욕구를 잠재울 수 있도록 말입니다. 한마디로 사회초년생을 위한 진정제인 셈이죠.

막내 사원의 부족한 모습이나 실수하는 이야기를 그렸을 뿐이지만, 이를 보고 독자는 맘껏 웃으며 지긋지긋한 일상을 이겨낼 수 있는 힘을 얻습니다. 콘텐츠를 통해 전하고자 하는 메시지를 독자도 읽었기 때문이죠. 개개인마다 어떤 생각을 했는지는 정확히 알 수 없지만, 퇴사 하나는 확실히 막았을 거예요. 하지만 대놓고 "퇴사하지 마세요! 다른 곳도 똑같다고요! 웃으세요! 그래도 열심히 살아야죠!"라고 강력히 어필한 적은 없습니다. 대신 독자가 저절로 알도록 콘텐츠 곳곳에 메시지를 숨

겨냈을 뿐입니다.

　그렇다면 크리에이터가 콘텐츠 속에 숨겨놓은 메시지를 독자가 읽게 하려면 어떻게 해야 할까요? 이것 역시 컨셉의 역할이 무척 중요합니다. 컨셉은 하나의 콘텐츠에만 적용해선 안 됩니다. 크리에이터로서 오랫동안 연재하고 싶다면 하나의 컨셉으로 쭉 밀고 나가야 해요. "이야기 한 편으로도 얼마든지 메시지를 매력적으로 전달할 수 있지 않나요?"라고 되묻는 사람도 있을 겁니다. 맞는 이야기입니다. 전할 수는 있겠죠. 하지만 독자의 머릿속에서 오래 기억되기보다는 금방 사라지고 말 거예요.

　이 책도 그렇습니다. 하나하나의 작은 주제들이 모여 '콘텐츠'라는 큰 주제로 연결됩니다. 하루 만에 뚝딱 만들었을까요? 아닙니다. 오랜 시간 쓰고 지우고 쓰는 일을 반복하며 책 한 권을 완성할 수 있었어요. 여러 주제의 글을 쓰고 있지만, 결국 이 책의 메시지인 "콘텐츠는 곧 당신이 된다"를 전하려고 말입니다. 이것은 곧 이 책의 컨셉과 동일해요. 결국 컨셉은 단 하나의 '핵심 메시지(core message)'를 뜻하며, 각각의 다른 이야기(story)를 하나로 묶게 해주는 역할이기도 합니다.

그렇다면 이 사례의 컨셉은 무엇일까요? 한번 맞혀보세요.

페이스북의 〈긱블(Geekble)〉이란 페이지에서는 영화나 만화에서 나온 신기한 소품들을 직접 만드는 영상을 올립니다. 아이언맨의 광자포를 만들기도 하고, 슈퍼마리오에서 불쏘는 꽃을 만드는 등 허구에 있던 것을 현실에서도 만날 수 있도록 제작하고 있어요. 영화나 만화 속 소품들을 직접 눈으로 볼 수 있다니, 신기하지 않나요?

댓글의 반응은 크게 두 유형으로 나눠집니다. 가장 대표적인 반응은 여자 친구들이 공대생 남자 친구에게 "나도 만들어줘!" 하고 요청하거나, 공대생들이 "공대생들이라면 이 정도는 만들어야지" 하며 자부심을 느끼는 거죠. 자, 그럼 이 페이지에서는 무엇을 말하고 싶었을까요?

센스 있는 분이라면 이 페이지에서 줄곧 강조하는 메시지를 단박에 알아챘을 거예요. 이곳은 "공학의 멋짐을 모르는 당신이 불쌍하다"라는 핵심 메시지를 전하고 있습니다. 공대생의 매력을 뽐내며 신기한 소품들을 끊임없이 만들어낸 이유는 바로 이 컨셉이 있었기 때문입니다.

컨셉을 정하지 않으면 콘텐츠 제작하는 일이 매번 힘들어질 겁니다. 무슨 이야기를 어떻게 전해야 될지 콘텐츠를 만들 때마다 고민해야 될 테니까요. 고민은 덜할수록 좋습니다. 그러기 위해서는 미리미리 사전에 컨셉을 정해놓고 시작해야 되겠죠.

혹시 아직도 컨셉을 정하는 게 어렵나요? 그럴 때는 독자에게 어떤 크리에이터로 불리고 싶은지를 생각해보면 쉽습니다. 유명 크리에이터들을 떠올려보세요. 아마 그들을 표현하기 위해서는 긴 문장과 수식어가 필요하지 않을 거예요. 대부분 "~한 콘텐츠를 만드는 사람"이라고 간결하게 말할 수 있을 테니까요. 여기서 '~한 콘텐츠'는 그들만의 컨셉이 담겨 있죠. 컨셉으로 크리에이터를 한마디로 표현하는 겁니다.

자기다운 콘텐츠를 제작하기 위해 컨셉을 정해보세요. 그리고 언젠가 독자가 여러분을 한마디로 표현할 수 있는 그날까지 꾸준히 업로드하길 바랍니다.

Chapter 4

이야기가
술술 읽힌다

#독자와_함께_즐기는_콘텐츠

클릭

• • • • • • • •

노르웨이 국영방송 NRK 〈슬로우 TV(Slow TV)〉는 한 가지 주제를 편집되지 않은 영상으로 길게 보여주는 방송 프로그램입니다. 실제로 이 프로그램에서 일주일간의 노르웨이 유람선 운항을 무려 134시간 42분이나 방영한 적이 있었는데, 방영 시간보다 더 놀라운 것은 방송 도중 최고시청률로 36퍼센트를 기록했다는 사실이죠.

우리나라에도 이와 비슷한 프로그램이 있었습니다. 2016년에 방영한 〈조용한 식사〉입니다. '국내 최초 다큐 먹방'이란 타이틀을 걸만큼 기존 음식 프로그램과는 달리 말을 일절 하지 않고 먹기만 하는 방송이었죠. 2회 방송분에서는 가수 정진운이 신당동 떡볶이를 먹기 위해 가스버너를 켜고 기다리는 모습부터 단무지를 먹다가 식탁에 떨어뜨리는 모습까지 그대로 보여줬습니다. 이 와중에 떡볶이 끓이는 장면은 슬로우 모션으로 잡아냈고요. 방송을 본 시청자 반응은 어땠을까요? 대개 "도대체 이 프로그램 뭐냐?" 하고 당혹감을 감추지 못하거나 "진정한 푸드 포르노가 나왔다"며 찬사를 아끼지 않는 사람도 있었습니다. 반응은 가지각색이었지만, 어쨌든 사람들의 시선을 사로잡는 데는 성공했죠.

유행과는 다소 동떨어진 두 프로그램이 성공한 이유는 간단합니다. 진행자도, 특별한 시나리오도 없지만 시청자들로 하여금 끝까지 보게끔 궁금증을 유발했고, 프로그램을 보며 "나도 노르웨이 해변에 가봤는데 말이야" 또는 "나도 신당동 떡볶이를 먹어봤는데" 하고 각자의 추억과 경험을 한마디씩 꺼내도록 만들었기 때문이죠. 보면 볼수록 더 보고 싶은 콘텐츠 또한 독자 스스로 또 다른 이야기를 만들어냅니다. 공감을 얻는 내용일수록 좋습니다. 단순히 보는 것에서 그치지 않고 독자와 함께 즐길 수 있는 콘텐츠가 될 테니까요.

✔ 댓글이 늘어난다
공감하는 콘텐츠

여러 경로를 통해 콘텐츠와 처음 만나게 된 독자는 그 과정에서 클릭할 것인가, 말 것인가를 고민합니다. 클릭한 후에 그 독자는 콘텐츠를 정기적으로 받아보는 구독자가 될 수도 있고, 아닐 수도 있고요. 그 선택의 기로에서 독자를 자신의 구독자로 만들 무언가가 있어야 됩니다. 하지만 이때 독자에게 실망감부터 안겨주는 콘텐츠도 있습니다. 단순히 한눈에 튀어야 한다는 생각으로 글씨만 무작정 크게 하거나, 자극적인 장면을 썸네일로 삼거나, 콘텐츠를 소개하는 란에 과장되게 쓰는 경우들이 그렇죠. 며칠 전 페이스북에서 본 2분짜리 영상에는 이런 설명이 적혀 있더군요.

"와, 1분 50초 실화냐…"

과연 이 설명이 독자의 발목을 잡거나 콘텐츠의 가치를 높이는 데 도움이 될까요? 크리에이터가 원한 것이 조회수였다면 궁금증을 유발하는 글 덕분에 크게 늘어났을 수는 있을 겁니다. 하지만 그다지 권하고 싶은 방법은 아니네요.

독자는 원하는 게 많기 때문에, 그들의 입맛에 모두 맞추는 건 거의 불가능합니다. 한눈에 확 들어와야 하고, 눈살 찌푸리지 않게 글씨는 적당해야 하며, 분량은 길지도 짧지도 않아야 하니까요. 그러나 누구에게나 먹히는 한 가지 요소가 있습니다. 바로 '공감'입니다. 공감을 끄는 콘텐츠는 독자의 경험을 떠올리게 하고, 이야기의 감정 이입을 도와줘 더욱 집중할 수 있게 만들거든요. 즉, "나도 그랬었지" 하고 맞장구치는 독자가 많아질수록 그 콘텐츠는 '보고 싶은 콘텐츠'로서 가치가 생기게 됩니다.

2015년 3월, 나는 야근을 주제로 한 콘텐츠 하나를 올렸습니다. 야근하다가 저녁 먹고 잠들어서 새벽 2시에 눈을 뜬 이야기였죠. 이 허무한 상황에 독자들은 기나긴 댓글을 남겼습니다.

"처음 입사했을 때 매일 밤 10시에서 새벽 12시까지 계속되는 야근에 죽는 줄 알았습니다. 그렇게 한 분야에서 10년째 하고 있네요."

"출근 둘째 날부터 지금 5일째 철야하네요. 2시간 자고 출근이라니! 그래도 일이 없어서 뻘쭘한 것보다 바쁜 게⋯ 아니, 적당히 바쁜 게 나은 것 같아요."

"전 외국계에서 야근 많기로 유명한 회사에 다녔었어요. 매일 새벽에 택시를 타고 퇴근할 정도였죠. 지금은 1년에 야근하는 날이 손에 꼽을 만큼 적고, 복지도 좋은 회사로 옮겼습니다. 월급은 줄었지만 그래도 이 생활이 좋아요."

야근하다가 5시간 동안 깜빡 잠들었던 이야기를 전했을 뿐인데, 독자들은 콘텐츠 에피소드보다 더 재미있는 경험담을 쏟아냈습니다. 사회초년생 때 겪었던 이야기부터 칼퇴하기가 눈치 보인다는 이야기, 상사가 돼도 똑같이 고생한다는 이야기까지 야근과 관련된 다양한 에피소드들이었죠. 이처럼 독자 스스로 이야기를 만들어낸다는 것은 꽤 의미가 있습니다. 그것은 '댓글'이라는 행동을 유도하기 때문입니다. 덩달아 댓글을 통해 크리에이터와 독자 간에 소통이 생기게 되니까요.

✅ 참여하고 싶게 한다
소통하는 콘텐츠

서울랜드에서 진행한 '아무 말 대잔치 이벤트'는 시작부터 정말 참신했

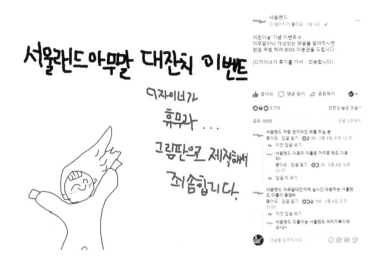

습니다. 디자이너가 휴가를 가는 바람에 디자인할 사람이 없었는지, 이벤트 공고를 그림판으로 제작해 올렸을 뿐인데 놀랍게도 이 이벤트는 엄청난 인기를 얻으며 사람들에게 신선함을 선사했어요. 이것은 기존 콘텐츠의 3요소인 재미, 정보, 공감만으로는 설명하기에 부족한 사례입니다. 하루가 멀다 하고 변하는 콘텐츠 생태계에 '참여'라는 하나의 요소가 더 추가된 거죠.

공감은 독자가 콘텐츠를 보고 느끼며 크리에이터와의 간접적 교류를 거치는 과정이라면, 참여는 독자가 직접 나서서 콘텐츠를 즐기고 더 재미있는 방향으로 이끄는 것을 의미합니다. 이 이벤트에서 알 수 있듯, 경쟁력 있는 콘텐츠가 되기 위해서는 독자가 콘텐츠 안에서 놀 수 있어야 해요. 콘텐츠를 만든 크리에이터와 이를 즐기는 독자가 함께 어울리면 새로운 콘텐츠를 만들어낼 수 있으니까요.

여기서 소통은 매우 중요한 키워드입니다. 더 자주 보게 만들고, 더 자주 생각나게 하기 때문이죠. 여러분의 콘텐츠도 누군가가 소통하길 바란다면 독자에게도 말할 기회를 줘야 합니다. 유재석이나 강호동이 '국민 MC'라고 불리는 까닭은 무엇이겠습니까? 다른 사람에게도 말할 기회를 주기 때문이죠. 콘텐츠 크리에이터도 그래야 합니다. 혼자서 콘텐츠를 독차지하기보다는 다른 사람과 재미를 나누며 소통해야 좋은 콘텐츠를 만들 수 있고, 좋은 크리에이터가 될 수 있으니까요.

갓난아기들은 기본적인 의사소통을 엄마로부터 배우면서 엄마에게 깊은 유대감을 느끼기 시작합니다. 비단 아기만 그럴까요? 모든 사람이 그렇습니다. 그러므로 우리는 국민 MC도, 육아를 해본 엄마도 아니지만, 얼굴을 볼 수 없는 온라인에서 독자와 소통을 나누기 시작하면 심리적으로 가까운 사이가 될 수 있겠죠. 이것은 독자가 여러분의 콘텐츠를 구독하게 만드는 하나의 방법이 될 수 있을 겁니다.

✅ 기필코 보게 만든다
클릭을 유도하는 방법

"댓글이요? 일단 독자가 콘텐츠를 보는 게 먼저 아닌가요?"

맞는 말입니다. 댓글을 쓰게 하려면 일단 독자가 콘텐츠를 봐야 하죠. 하지만 생각만큼 조회수는 쉽게 오르지 않습니다. 나 역시 "오늘 이 소재는 진짜 대박이다!" 하며 연재했는데, 조회수가 많지 않거나 반응이 미지근할 때마다 주눅 들곤 했어요. 거기다 악성 댓글까지 보는 날엔… 아무튼 매우 슬픕니다.

요즘은 하루 종일 스마트폰을 쥐고 사는 사람들이 많습니다. 그 말은 하루에도 수백, 수천 개의 콘텐츠와 마주친다는 의미이기도 해요. 그들이 클릭할 수밖에 없는 콘텐츠는 어떻게 만들어지는 걸까요? 네 가지 방법을 소개해드립니다.

❶ 단어를 야금야금

독자는 나열된 콘텐츠 목록을 보면서 이야기의 주제를 유추한다.

• 후유증

이렇게 단어 하나만 덩그러니 써놓으면 무슨 이야기인지 가늠하기가 어렵다. 하지만 아래는 어떤가?

• 휴가, 후유증, 제안서 작성

세 단어가 연속해서 나열돼 있다. 이 단어들을 통해 회사 생활과 관련한 이야기라는 걸 금방 알 수 있게 한다.

콘텐츠를 만들면서 야금야금 단어를 정복하라! 그러면 "회사 생활을 주제로 연재하고 있다"고 설명하지 않아도 누구나 알아줄 것이다.

❷ 숫자는 차근차근

• 1, 2, 3, 4, 5, …

이 숫자는 '회차'를 의미한다. SNS에서 정기 연재를 하는 크리에이터들의 콘텐츠를 보면 대부분 제목 앞에 회차를 넣는다는 사실을 알 수 있다. 이것은 독자로 하여금 지금까지 제작한 콘텐츠의 수를 한눈에 볼 수 있도록 돕기 위해서다. 그럼 크리에이터로서 오랫동안 활동했다는 증거로 하루에 100개를 후다닥 올리면 될까? 물론 아니다.

가능한 일주일 또는 격주마다 자신이 정한 날에 콘텐츠를 꾸준히 올리길 바란다. 크리에이터는 독자와 신뢰를 쌓아야 하는 사람이기 때문이다. 연재 기간을 정하면 독자는 자연스레 크리에이터가 콘텐츠를 올리는 날을 기다리게 된다. 일종의 약속인 셈이다. 약속을 지킬수록 독자는 크리에이터에게 신뢰가 생긴다.

이렇게 돈독한 관계를 형성하게 되면 콘텐츠를 제작하는 데 원동력이 될 것이다.

또한 콘텐츠에 공들인 시간과 꾸준함까지도 독자에게 증명해낼 수 있다. 이는 오래도록 인기를 유지하는 크리에이터가 되는 방법이기도 하다.

❸ 호기심을 쑥- 쑥-

재치 있는 제목을 쓰고 싶다면 전문가를 호출해라.
- 쇼핑몰 사장님들이 즐겨 찾는 쇼핑몰!

어떤가? 얼른 들어가서 구경하고 싶지 않은가? 디자이너의 작업대, 셰프의 점심, 기획자의 노트 등 그 분야에서의 전문가가 제목에 등장하면 사람들은 호기심을 가지게 된다. 궁금함을 해소하기 위해 결국 클릭할 수밖에 없을 것이다.

❹ 캄 다운!

이번에는 주의해야 될 점이다. SNS에서 쉽게 볼 수 있는 언어 사용들이다.
- 대박, 쩐다, 존(멋/예/맛), 레알, 개-, 깡패, 핵-, 폭발 …
  ex) 여기 떡볶이 혀 폭발하는데, 진심 레알 존맛!

온라인에서 사용되는 언어는 점점 자극적으로 변하고 있다. 감정을 전부 담아내지 못하는 한계를 뛰어넘으려는 시도이자, 유행하는 말을 씀으로써 독자에게 보다 쉽게 다가가고자 노력한 흔적인 셈이다. 하지만 이러한 언어 사용법은 되도록 자제하는 편이 좋다. 오히려 독자의 반감을 사기 쉽기 때문이다. 차라리 자신이 평소에 쓰는 언어로 사용하는 편이 좋다. 독자가 친근감을 느낄 수 있고, 무엇보다 자기만의 콘텐츠로서의 가치가 생길 수 있다.

좋은 콘텐츠를 만들고 싶다면 독자와의 소통을 게을리해서는 안 됩니다. 그리고 누구나 공감할 수 있는 콘텐츠를 만드세요. "내 말 들어!" 하고 강요하는 콘텐츠보다 백배 천배 낫습니다. 시간이 지날수록 여러분의 이야기에 귀 기울이는 사람들도 많아질 겁니다. 볼거리도 많고, 소통도 활발한 크리에이터에게 눈길이 갈 수밖에 없으니까요.

09

유인

• • • • • • • •

그런 적 있지 않나요? 어떤 글을 읽었는데 제대로 이해하지 못해 처음부터 다시 읽었던 적이요. 그 이유는 대개 몇 가지로 나뉩니다. 문장이 어렵거나, 한 문장이 지나치게 길거나, 깜빡 졸았거나 하는 이유들이 있죠. 어쩌면 그것은 저자의 잘못일지도 모릅니다. 독자가 단번에 이해하지 못하는 문장을 썼고, 숨 쉴 틈도 주지 않았을 뿐더러, 심지어 재미없는 글로 졸게 만들었으니까요.

온라인 콘텐츠라고 해서 별반 다르지 않습니다. 재미없는 콘텐츠를 만나면 사람들은 '뒤로 가기' 버튼을 거침없이 누르니까요. 유달리 성격이 급하거나 까칠해서 그런 걸까요? 글쎄요. 그보다 어떤 이유 때문에 보기 싫어진 건 아닐까요? 콘텐츠 크리에이터는 독자의 시선, 상황, 생각, 습관 더 나아가 문화까지도 이해할 수 있어야 합니다. 독자를 콘텐츠로 유인할 수 있도록 말입니다.

독자는 여러분의 콘텐츠를 처음 마주했을 때 어느 부분부터 볼까요? 독자를 제대로 파악하면 콘텐츠를 만드는 데 도움이 됩니다. 이번 장에서는 독자가 이해하기 쉽고 콘텐츠를 조금 더 편하게 읽을 수 있는 방법을 소개하겠습니다.

◉ 눈의 불편함을 줄여라
독자를 위한 콘텐츠

엄마와 함께 한 아울렛에 방문했다가 깜짝 놀랐습니다. 얼른 이 장면을 사진으로 찍었죠. 이곳은 각종 의류와 신발 잡화로 입구 주변이 가득 채워져 있었고, 가격 문구나 현수막도 너무나 많았습니다. 세일 안내문조차 과할 정도로 많아서 정확히 어떤 물품이 할인되고 있는 건지도 알수 없었어요. 또한 대개 처음 가 본 곳에선 매장 안내도를 찾기 마련인데 입구 중앙엔 파자마를 입은 마네킹만 우뚝 서 있을 뿐, 정작 매장 안내도는 매장 구석에 숨어 있어 무척 불편했죠. 이렇듯 이 아울렛의 가장 큰 문제점은 바로 특정한 주제도 정하지 않은 채 수많은 상품을 그저 진열하기 급급했다는 점입니다. 그렇게 쇼핑을 좋아하는 엄마도 투덜대는 정도였으니 말 다한 거 아닐까요?

또 다른 예시를 살펴봅시다. 지하철에서 안전문 이용 안내를 비롯해 '발빠짐 주의' 등 온갖 안내문들을 스크린 도어에 갖다 붙여놓은 모습을 자주 봤을 거예요. 그것은 사고 위험을 줄이기 위한 노력이겠지만, 메시

지가 많으면 오히려 호소력이 떨어지기 마련입니다. 활자 중독이 아닌 이상 꼼꼼하게 하나하나 들여다볼 사람은 없을 테니까요. 각종 안내문을 덕지덕지 붙여놓은 탓에 가독성도 떨어지죠. 무엇보다 위급한 상황에서 태연하게 저 안내문을 다 읽을 사람이 있을까요?

이 두 가지 사례의 공통점은 한마디로 '사야 할 고객'과 '위급상황을 대비할 승객'을 배려하지 못했다는 겁니다. 말하자면 크리에이터는 노력했으나, 그 노력이 결코 독자를 위한 게 아니라는 거죠.

나는 콘텐츠를 발행하기 전, 스마트폰에서 한 번 더 점검해봅니다. PC에서 볼 때는 아무것도 아닌 사소한 부분이 모바일에선 문제가 될 수 있으니까요. 독자의 불편함을 최소한으로 줄이기 위해 서로 비교해보는 겁니다.

대표적인 예로는 글씨 크기가 있습니다. PC에서 제작할 때는 분명 크게 보였는데, 스마트폰으로 보기는 어려웠던 적이 많았거든요. 만약 글씨 크기가 작다면 독자는 미간을 찌푸리고 봐야 하거나 아예 읽지 않고 넘기는 일도 생길 겁니다. 한 글자 한 글자 신중하게 넣어 만든 콘텐츠인데, 이왕이면 독자가 편하게 즐길 수 있어야 되지 않을까요?

독자를 실망시키지 마세요. 크리에이터는 보고 읽는 모든 것들이 불편하게 느껴지지 않도록 독자의 시선을 배려하고 부지런히 좇아야 한다는 사실을 명심합시다.

✓ 시선을 좇자
이해를 돕는 메시지 전달법

앞의 사례들처럼 세일과 안전이란 메시지를 365일 외쳐도 사람들이 봐주지 않으면 무용지물이 됩니다. 마찬가지로 크리에이터가 하고 싶은 말만 하면 아무도 보지 않는 콘텐츠가 되겠죠. 그렇다면 어떻게 해야 콘텐츠에 담긴 메시지를 효과적으로 전할 수 있을까요?

첫째, 메시지의 순서를 정해보세요. 우선 메시지 순서를 정하기 위해서는 우리나라 사람들은 글을 어떻게 읽는지부터 알아야 합니다. 간단하게 알 수 있는 방법이 있어요. 독자들이 글을 어떤 식으로 읽는지를 파악하는 거죠. 우리는 보통 왼쪽에서 오른쪽으로 시선을 옮기고, 세로보다는 가로 문장에 더 익숙합니다. 그렇다면 다음 문장 중 어떤 문장을 먼저 읽을까요?

- 안녕하세요?   · 안녕하세요?

대부분 왼쪽 문장부터 읽게 됩니다. 앞서 언급한 것처럼 우리나라 사람들은 왼쪽에서 오른쪽으로 글을 읽기 때문이죠. 그럼 이번에는 무엇이 먼저일까요?

- 안녕하세요?

- 안녕하세요?

여기서는 위에 배치된 글이 먼저 보였을 겁니다. 글을 읽을 때 보통 윗줄에서 아랫줄로 시선을 옮겨가기 때문이죠. 그렇다면 이 두 가지를 종합해 문장을 배치하면 어떨까요?

• 안녕하세요?

• 안녕하세요?

이런 식으로 문장을 배치하면 독자가 글을 가장 편하게 읽을 수 있을 겁니다. 또한 콘텐츠에서 대화하는 장면을 넣을 경우, 먼저 말하는 인물 역시 왼편에 두면 독자가 이해하기 쉽고 편하게 읽을 수 있겠죠.

만약 아래 이미지처럼 오른쪽에 있는 사람이 먼저 말할 차례라면, 촬영 각도와 멘트의 위치를 바꿔 진행할 수도 있어요. 촬영 각도가 매끄럽지 않거나 촬영할 상황이 여의치 않다면 아예 상대방은 뒷모습만 보여주는 것도 훌륭한 방법입니다.

안녕하세요?

네, 안녕하세요?

둘째, 작은 장치를 설치하세요. 크리에이터가 메시지의 순서를 친절하게 구분해주지 않으면 독자는 혼란을 겪게 됩니다. 먼저 읽어야 할 부분보다 다른 부분이 눈에 더 들어오면 이야기의 흐름이 끊기기 때문이죠. 그럴 경우엔 먼저 읽을 곳을 확실하게 보여주는 편이 좋습니다.

또한 각 인물이 누구인지 나타내고 싶다면, 구구절절 설명할 필요 없이 간단하게 대화 속에 이름을 넣어주면 됩니다. 대화를 통해 독자는 자연스럽게 누가 누구인지 알 수 있으니까요. 인물의 상하관계를 표현하고 싶다면 한 명이 반말을 사용하면 간단하게 해결됩니다.

셋째, 행동으로 설명하세요. 인물들의 행동만으로도 독자에게 메시지를 전달할 수 있거든요. 이때 주의할 점은 인물의 행동이 표현하고자 하는 모습보다 조금이라도 차이가 있을 경우, 독자는 전혀 다르게 받아들일 수 있다는 점입니다. 가령 팔과 다리를 조금만 움직이면 여유롭게 걷는 모습처럼 보이지만, 조금이라도 행동이 커지면 급하게 걸어가는 모습처럼 보일 수 있거든요. 또한 행동만으로 설명하기가 다소 부족할 때는 의태어 같은 짧은 단어를 덧붙이면 행동의 효과는 배가 됩니다.

헛둘헛둘!

어제 다녀온 카페를 콘텐츠 소스로 활용해 제작하고 싶나요? 그렇다면 이미 그 카페의 분위기나 위치, 내부 구조 등을 모두 아는 '나'와 아무런 사전 정보도 없는 독자 중 누구를 기준으로 콘텐츠를 만들어야 할까요? 물론 독자겠죠. 그러므로 크리에이터는 독자에게 자신이 봤던 그대로를 설명할 수 있어야 합니다. 카페의 모습을 머릿속으로 그릴 수 있도록 말이에요.

누구나 다 알 거라고 생각하고서 콘텐츠를 제작하면 크리에이터가 미처 신경 쓰지 못한 부분에서 독자는 의문을 품을 수 있습니다. 이것은 크리에이터의 눈을 기준으로 만든 콘텐츠는 독자를 유인하기 어렵다는 의미이기도 해요. 그렇기 때문에 콘텐츠는 언제나 독자의 눈을 기준으로 만들어져야 합니다. 그래야 누가 보더라도 이해하기 쉬운 콘텐츠가 될 테니까요.

✅ 상상 플러스
콘텐츠 맥락 읽기

머릿속으로 그릴 수 있다는 것은 상상이 되게끔 만들었다는 의미이기도 합니다. 예시를 하나 살펴볼까요?

한림대학교 강동성심병원은 병원 리모델링 공사를 하면서 '병원이 다시 태어났다'는 메시지를 전달하고 싶었습니다. 그래서 병원 측은 의사를 모델로 세워 확 바뀐 병원의 모습을 표현했어요.

아래 포스터 두 개를 비교해보세요. 포스터에 등장하는 의사 두 명은 동일인물입니다. 하지만 이미지가 확 바뀌어 완전히 다른 사람처럼 보이지 않나요? 청정무균시스템을 도입하고 첨단 하이브리드 수술실을 오픈했다는 메시지를 전달하기 위해 의사의 확 바뀐 이미지로 대신 보

출처 : 한림대학교 강동성심병원

여준 겁니다. '병원이 얼마나 새롭게 바뀌었으면 이렇게 변해?' 하고 사람들로 하여금 상상하게 만드는 거죠. 새로운 접근이지 않나요?

여기서 중요한 것은 두 개의 포스터를 비교하며 이미지 속에 담긴 메시지를 함께 읽어냈다는 점입니다. 아마 오른쪽의 포스터만 봤다면 '강동성심병원 거듭나다'라는 카피가 잘 와닿지 않았을 거예요. 병원과 의사의 모습이 서로 어떤 상관관계가 있는 건지 알 수 없기 때문입니다. 그러나 비교 대상이 있었던 덕분에 의사의 확 바뀐 이미지를 한눈에 볼 수 있었고, 메시지 또한 이해하는 데 도움이 됐죠.

이것을 나는 '맥락'이라 부르고 싶습니다. 사전적 의미로는 '사물 따위가 서로 이어져 있는 관계나 계통'을 뜻합니다. 콘텐츠 맥락도 이와 비슷해요. 위의 두 포스터를 통해 '동일인물이지만 달라 보인다'는 정보를 얻을 수 있었으니까요. 그 정보는 두 대상을 서로 비교하면서 자연스럽게 생각해낸 결과입니다. 덕분에 카피도 힘을 발휘할 수 있었던 거예요. 즉, 콘텐츠 맥락은 굳이 설명하지 않아도 상관관계를 읽어낼 수 있게 도와주는 정보인 셈입니다.

맥락을 읽어내는 과정에서 독자는 반드시 '상상'하는 작업을 거쳐야만 해요. 그래야만 장면과 장면, 이야기와 이야기 사이를 독자 스스로 연결시키면서, 얼굴도 한 번 본 적 없는 크리에이터로부터 새로운 메시지를 얻을 수 있기 때문입니다. 예를 들면 이런 것이 있습니다.

오른쪽 이미지들을 한번 읽어보세요. 상황은 이렇습니다. 출근 전 아침, 피곤한 몸을 이끌고 잠이 덜 깬 채로 한 카페에 들러 커피 한 잔을 주문합니다. "따뜻한 걸로 드릴까요, 차가운 걸로 드릴까요?"라는 점원의 질문에 엉뚱하게도 "따가운 거요"라는 대답이 튀어나오죠. 그 말을 출근 전, 정신을 차리려고 카페를 찾아갔다.

들은 점원은 미소를 지은 채 가만히 응시하고 있는 상황입니다.

여러분은 이 중 어느 부분이 가장 웃겼나요? 아마도 "따가운 거요"라고 말한 직후 클로즈업된 점원의 표정이었을 겁니다. 분명 미소 짓고는 있지만, 왠지 모르게 어이없다는 듯한 모습처럼 느껴지기 때문이죠. 게다가 이를 꽉 문 것처럼 보이기도 합니다. 그럼에도 우리는 앞의 상황을 통해 점원의 속마음을 상상할 수 있었죠. 표정과 움직임에 제약이 따르는 레고를 활용했음에도, 콘텐츠 맥락을 사용하니 이러한 한계를 극복할 수 있었고 재미까지 주는 요소가 될 수 있었습니다.

다음 사진은 '구체적 워딩'을 사용한 엿 포장지입니다. 구체적 워딩이란 주로 광고에서 사용하는 기법으로, 누구나 알고 있는 쉬운 단어를 이용해 사람들의 머릿속에 무언가를 떠올리게 만드는 것을 말합니다. 대부분의 엿 포장지는 "입 안에 잘 붙지 않고 중독성 있는 달달한 맛"과 같은 문장으로 홍보하지만, 이 제품은 조금 다릅니다.

"야근이 엿 먹일 때 엿 먹어라, 야근!"

엿을 식품이 아닌 '욕'의 관점에서 접근해 다양한 상황(이야기)과 연결했기 때문입니다. 맛이나 신선도와 같은 제품 그 자체에 대해 설명하진 않았지만 훨씬 좋은 홍보 효과를 거뒀습니다. 덕분에 이 제품을 보는 사람은 엿과 야근의 맥락을 통해 짜증나는 상황을 떠올릴 수 있었죠.

특히 이 카피는 하고 많은 간식거리 중 왜 엿을 먹어야 하는지를 정확히 짚어냈습니다. 그러므로 야근을 많이 하는 회사원이 가판대의 많은 간식 중 엿을 집는 건 당연한 일이 아니었을까요?

독자가 마음껏 상상의 나래를 펼칠 수 있도록 도우세요. 상상은 머릿속에 그림을 그려줄 뿐 아니라 전하고자 하는 메시지까지 읽게 만드니까요. 대신 쉽게 상상하도록 누구나 알고 있는 쉬운 단어를 쓰는 거죠. 엿 봉지처럼 한 단어가 다른 뜻도 포함하고 있다면 중의적 표현을 해보는 것도 좋은 방법입니다. 콘텐츠에 중요한 정보 없이 쓸데없는 말만 가득하다면, 이제부터는 긴 설명이 필요 없는 독자 유인책으로 독자가 읽어야 할 부분을 정확하게 읽도록 유인해보세요.

10

유행

● ● ● ● ● ● ● ●

유행과 트렌드의 차이를 아시나요? '트렌드가 유행이고, 유행이 트렌드 아닌가?'라고 생각할 수도 있겠지만, 둘은 분명 다른 개념입니다.

유행은 영어로 'fad'입니다. 하루 동안을 뜻하는 'For a Day'의 앞 글 자를 딴 용어죠. 한마디로 유행은 짧은 기간 동안 뜨겁게 주목받는 것들 을 뜻합니다. 반면 트렌드는 오랫동안 사라지지 않고 유지되는 것을 의 미해요. 전문가들은 하나의 트렌드가 대개 3~5년 정도 유지된다고 합 니다. 지속되는 시간만 차이 날까요? 물론 아닙니다.

유행은 왜 유행됐는지 정확한 이유를 알기가 어렵습니다. 예를 들어, 팬톤(Pantone)의 '올해의 컬러'는 매년 나올 때마다 유행이 되는 동시에 작년에 유행한 컬러는 금세 잊힙니다. 어떤 과정을 통해 올해의 컬러를 선정하는지 대중들은 알 수 없죠. 그러나 트렌드는 늘상 변하는 소비자

유행과 트렌드의 비교

	유행	트렌드
기간	1년	3~5년
인과관계	불분명	확실

의 욕구를 파악하는 중요한 역할이므로, 지속적으로 사회 현상을 파악하고 유행의 인과관계를 읽어내는 데 용이합니다.

이 두 가지 정도만 알면 이제 여러분은 유행과 트렌드를 서로 구분할 수 있을 겁니다. 우선 둘은 지속되는 기간부터 다르기 때문에 오랫동안 지켜봐야 합니다. 또한 사람들 사이에서 핫이슈로 떠오르고 있는 게 있다면 그에 대한 이유를 명확히 알아낼 수 있는지도 확인해봐야 되겠죠.

최근 어느 정치인이 공항 출국장을 나오면서 부하 직원을 쳐다보지도 않고 자신의 캐리어를 들이미는 사진이 포착됐습니다. 일명 '노 룩 패스(No look pass)' 사건, 다들 기억하고 있을 겁니다. 모두들 노 룩 패스에 갑론을박을 벌이고 있을 때, G마켓은 이를 놓치지 않고 해당 캐리어 제품을 "자율주행 기능에 대한 소문이 무성하지만 없다"고 홍보했죠. 결과는 어땠냐고요? 언론에서 조명할 만큼 대박을 쳤습니다. "물 들어올 때 노를 저어라!" 이것은 이번 장에서 알려줄 핵심이기도 합니다.

앞서 유행을 좇지 말라고 말했습니다. 무작정 따라하기보다는 자기만의 방식으로 활용하는 자세가 중요하죠. 툭툭 튀어나오는 유행을 적절히 활용하면 이야기를 더욱 멋지게 표현할 수 있습니다.

✅ 무작정 좇지 말고 이용하라
유행을 적용한 콘텐츠의 장점

어느 날 페이스북에 〈오이를 싫어하는 사람들의 모임(오싫모)〉이라는 페이지가 생겼습니다. 어떤 전문성이나 유용한 정보를 갖춘 곳도 아니었는데 갑자기 유명세를 타기 시작했죠. 운영자가 그저 심심풀이로 만든 이 페이지는 개설 하루 만에 좋아요 수가 4만 명을 넘어섰고, 1주일 정도가 지났을 땐 9만 명을 넘어섰습니다. 〈오싫모〉가 인기를 끈 이유는 다른 페이지와는 달리 '오이를 싫어하는 사람들의 선언'이 있었기 때문이죠. 오이를 싫어하는 사람들이 이 페이지의 '좋아요'를 누를 수밖에 없도록 문장 하나하나에 공을 들였거든요.

운영자는 단지 자신이 정말 싫어하는 것 한 가지를 콕 집어냈을 뿐인데 많은 사람들의 공감을 이끌어냈습니다. 이후 비슷한 성격의 '~을 싫어하는 사람들의 모임'이 폭발적으로 늘어났죠. 당근을 싫어하는 사람

> **오이를 싫어하는 사람들의 선언**
>
> 우리는 다음과 같은 세상을 원한다.
>
> 1. 냉면을 주문할 때 "오이 빼주세요"라고 말할 필요가 없는 세상
> 2. 오이 걱정 없이 마음 놓고 편의점 샌드위치를 살 수 있는 세상
> 3. 김밥에 오이를 젓가락으로 일일이 빼느라 김밥이 흐트러지는 꼴을 보지 않아도 되는 세상
> 4. 학교 급식에 오이가 나와 고통 받는 청소년과 어린이가 더 이상 없는 세상
> 5. 오이를 싫어하는 사람도 더불어 살아가는 세상
>
> 우리는 서로 결속하고 힘을 모아 위와 같은 세상을 살아가기 위해 함께 투쟁할 것이다.

들의 모임부터 버섯, 토마토, 파프리카, 피망, 파까지 온갖 채소가 등장 했습니다. 언론에서는 이번 유행을 "사회적 관행을 거부하는 개인의 웃긴 저항"이라고 표현했습니다.

크리에이터는 현재 이슈되는 것에 주목해야 합니다. 한마디로 유행에 민감해야 하죠. 유행을 활용하면 어떤 점이 좋을까요?

첫째, 독자의 공감을 쉽게 이끌어낼 수 있습니다. 지난 대선 기간, 한 예술단체는 대선 후보들의 포스터를 활용해 악기로 패러디했습니다. 거기에 "바이올린 아닙니다, 비올라"와 같은 찰진 유머는 그들만이 할 수 있는 독창적인 카피였죠.

둘째, 개성을 더욱 또렷하게 나타낼 수 있습니다. 〈SNL 코리아 7〉은 프로그램을 홍보하기 위해 그들의 유행어를 마스크 팩에 적용시켰습니다. "새파랗게 젊은 것들아", "이거라도 해야 젊어지지"처럼 통통 튀는 문구였어요. 더군다나 마스크 팩의 대표색으로, 시즌 7의 상징색인 파랑색을 이용해 팬과 프로그램의 이미지까지 확보했습니다.

셋째, 재미가 극대화됩니다. 2016년 병신년을 맞이하기 위해 회사 송년회 포스터를 제작한 적이 있었죠. 때마침 앞으로 다가올 병신년 때문에 여기저기서 '병신'이란 단어가 이미 남발되고 있던 중이었습니다. 오죽하면 대표님이 "병신 소리 좀 그만해라"라고 부탁까지 할 정도였습니다. 그런데도 모두가 즐거워했죠.

유행을 마음껏 이용해보세요. 다만 이슈되는 것을 참고하되, 자신만의 스타일을 잊지 마세요.

✅ 유행을 선도하다
독자 맞춤 콘텐츠 전략 5가지

요즘 공유경제의 바람을 타고 여러 서비스들이 출시되고 있습니다. '풀러스(Poolus)'라는 앱도 그 중 하나입니다. 출퇴근하는 직장인들을 위한 카풀 서비스를 운영하고 있죠. 목적지가 같은 차량 이용자와 연결시켜 카풀할 수 있도록 도와줍니다.

"운전하며 출퇴근만 하는데도 내 연봉이 500만 원 이상 오를 수 있는 이유는?"

무엇보다 이 앱은 직장인 고객이 가장 듣고 싶어 하는 말과 원했던 정보가 무엇인지 정확하게 이해하고, 그 정보를 서비스에 반영해 콘텐츠로 제공했습니다. 때문에 평소 카풀에 아무런 흥미가 없었거나 무엇인지 잘 몰랐던 직장인들까지도 "연봉이 500만 원 이상 올랐다"라는 광고 카피로 관심을 가지게끔 유도했죠. 결과는 매우 성공적이었습니다.

카풀 앱의 유행을 이끈 플러스 앱은 무작정 재미만을 추구하기보다 카풀 서비스가 필요한 사람에게 적합한 방법으로 접근해 보다 빠르게 사용자층을 공략했습니다. 사용자층의 혜택을 담은 카피는 많은 카풀 앱 사이에서 왜 플러스 앱을 선택해야만 하는지를 당당히 어필하는 문구이기도 합니다. 이처럼 유행을 선도하는 콘텐츠는 자기만의 방식을 가지고 있습니다. 독자의 니즈와 흥미를 자극할 수 있는 다섯 가지 콘텐츠 전략을 소개합니다.

❶ 혜택 담기

일본 마요네즈 기업인 큐피마요네즈(キューピーマヨネーズ)에서는 "야채를 더 드세요"라는 카피를 쓰고 있다. 고객의 입장에서는 "마요네즈를 더 드세요"보다 자신의 건강을 생각해주는 이 말에 한 번 더 눈길이 갈 수밖에 없을 것이다. 또한 직접적으로 표현하지는 않았지만, 야채를 먹을 땐 마요네즈와 같이 먹으라는 무언의 메시지가 포함돼 있다. 여러분의 콘텐츠는 독자에게 어떤 혜택을 전할 수 있을까? 사람들이 듣고 싶어 할 만한 말을 담아서 당신의 콘텐츠를 선택하도록 만들자.

❷ 스토리로 전하기

"이런 젬병!"
수확 전 떨어진 과일을 본 농부의 이 한탄을 바탕으로, 오리콤 박서원 CCO는 떨어졌거나 상처가 난 과일만을 가지고서 '이런쨈병'을 만들었다. 이런쨈병은 쨈이라는 상품 안에 낙과를 볼 때마다 안타까워하는 농부의 마음을 담은 동시에, 맛이나 영양에 차이가 없음에도 땅에 떨어졌다는 이유로 거래가 되지 않는 유통구조를 바꾸고자 했던 그의 전략이었다. 하고 싶은 말이 있는가? 그렇다면 흥미로운 스토리를 입혀 전달해보자. 훨씬 효과적으로 독자의 뇌리에 콕 박히게 할 수 있을 것이다.

❸ 생각 보여주기

부산시는 세대소통 프로젝트로 〈노인의 마음〉이란 영상을 제작했다. 현재 65세 이상 고령자 비율이 15.5퍼센트에 달하는 상황에서 노인의 마음을 이해하는 따뜻한 도시를 만들자는 취지였다. 이 프로젝트를 위해 20대 청년들은 노인 분장을 한 채 부산시 곳곳을 돌아다니며 노인의 고민을 들어주기도 하고, 지나가는 학생들에게는 그들이 생각하는 노인에 대한 이야기를 경청했다. 이처럼 하나의 주제에 대해 다른 사람들의 생각을 보여줘라. 그러면 독자는 한 번 더 주제를 떠올려 보게 된다.

❹ 한 번에 보여주기

네이버 메인이나 피키캐스트처럼 여기저기 널린 수많은 정보들을 주제에 따라 한 곳에서, 그것도 짧은 시간에 간단히 알 수 있으면 독자 입장에서는 매우 편할 것이다. 그렇다면 여러분의 콘텐츠도 한눈에 볼 수 있다면 얼마나 좋을까? 아무리 좋은 내용이라도 글만 길게 나열된 콘텐츠는 금방 지루해지기 십상이다. 그럴 때는 간단한 인포그래픽으로 구성해보자. 긴 글은 마지막에 도표나 도형으로 정리해주는 것도 좋은 방법이다.

➎ 문제 해결해주기

이케아의 도어스토퍼(door stopper) 광고 중 한 장면이다. 처음에는 갑자기 열린 문 때문에 들고 있던 요리를 떨어뜨리고 만다. 하지만 다음 장면에서는 열린 채로 고정된 문 덕분에 무사히 맛있는 요리를 먹을 수 있게 된다. 이와 같이 이케아의 광고는 가구가 없을 때의 불편한 점을 두 번 반복해서 보여준다. 넘어지고, 떨어트리고, 깨트리다가 마지막에는 가구를 통해 비로소 안전하게 생활하는 모습을 보여준다. 콘텐츠 또한 독자의 문제를 정확하게 꼬집어 해결책을 제시해줘야 한다.

✅ 그래도 달라야 한다
개성을 잃지 않는 방법

현재 유행하고 있는 복고 컨셉은 옛 시절을 회상하고 싶은 사람들의 마음을 달래주듯 다양한 기술로, 서비스로, 콘텐츠로 나타나고 있습니다. 특히 복고를 다시금 유행하게 만든 장본인이 있죠. 바로 카메라 앱 '구닥(Gudak)'입니다. 그러나 구닥은 몇 가지 불편한 점이 있습니다. 필름카메라처럼 작은 화면으로만 구도를 확인할 수 있고, 촬영할 수 있는 사진도 24장으로 한계가 있으며, 촬영 후에는 바로 사진을 볼 수도 없고 3일이나 기다려야 하거든요. 이런 불편함을 감수하고서라도 사람들은 향수를 느끼게 해주는 이 앱을 즐거운 마음으로 너도나도 1달러에 구매하고 있습니다.

이 유행으로 다른 복고풍의 앱들이 다양하게 출시됐죠. 하지만 과연 구닥만큼 사랑을 받을까요? 앱을 통해 옛 추억을 회상하도록 만든 건 구닥이 원조이기 때문에 아마도 다른 앱들은 사용자가 그 앱을 이용해야 할 새로운 명분을 만들어야 할 겁니다. 그렇습니다. 아무리 유행의 장점이 많다고 한들, 개성이 담겨 있지 않으면 콘텐츠로 살아남기가 어렵습니다. 내 콘텐츠라고 자신 있게 말하고 싶나요? 그렇다면 주저 말고 아래의 'C.O.N.T.E.N.T.S'를 기억하세요.

❶ Core : 주제

핵심주제 남발 VS 하나의 핵심주제	독자 반응
핵심주제 핵심주제 핵심주제 핵심주제 핵심주제	"이게 무슨 이야기야?"
이야기 이야기 핵심주제 이야기 이야기	"아, 이런 내용이구나!"

이것저것 좋다고 다 집어넣으면 정체불명의 콘텐츠가 탄생하게 된다. 핵심주제는 딱 하나만 넣어 독자가 이해하기 쉽도록 만들어라.

❷ Origin : 원조

원조를 판가름하는 기준은 단순히 먼저 시작했다는 것보다 '한결같은 실력으로 여전히 뽐내고 있는가'다. 먼저 콘텐츠를 시작했어도 한결같지 않거나 중간에 그만두게 되면 그 순간 원조는 과거가 된다. 꾸준히 실력을 쌓아라.

❸ Network : 네트워크

친한 친구에게 하소연할 때	크리에이터에게 하소연할 때
나 누가 내 이야기에 악성 댓글 달았어. 친한 친구 근데?	나 소재가 떠오르지 않아요. A 크리에이터 저도 그런 적 있어요. 그럴 땐 말이죠~
친한 친구에게 크리에이터로서 겪는 경험이나 고민을 아무리 털어놔도 공감을 얻기 어렵다.	비슷한 경험과 고민을 겪는 크리에이터들은 서로 도움을 줄 수 있다.

같은 직업군에 있는 사람들과 네트워크를 쌓아라. 특히 같은 주제를 다루는 크리에이터일수록 이야기를 나누다 보면 알지 못했던 정보나 조언을 얻을 수 있다. 서로 도움을 주고받다 보면 어느새 실력이 쑥쑥 자라나 있을 것이다.

❹ Trend : 동향

드라마 〈도깨비〉에서 공유가 읽은 시는 많은 곳에서 패러디됐다. 한 대학교에서는 재학생의 수강신청을 다음과 같이 홍보했다.

심장이 하늘에서 땅까지 아찔한 진자운동을 계속했다.
수강신청이었다.

이처럼 유행을 유심히 살펴보고 자기식으로 바꿔보는 것도 좋은 방법이다. TV 출연자들의 말투 또는 프로그램의 내용이나 자막의 쓰임새, 배경음악, 화면 구도 등에서도 다양한 소재를 찾을 수 있다.

❺ Emotion : 정서

독자와의 소통은 유행과 관계없이 당신의 콘텐츠를 돋보이게 한다. 콘텐츠의 질이 조금 부족하더라도 독자와 열심히 소통하며 정서를 나누는 크리에이터는 고정 독자층을 확보할 수 있다. 혹시 "콘텐츠 잘 봤다"며 댓글을 달아준 독자에게 아직도 답글을 남기지 않았는가? 그렇다면 지금 바로 댓글 창으로 뛰어가자.

❻ Navigation : 내비게이션

콘텐츠에는 정답이 없다. 콘텐츠의 방향은 오로지 크리에이터 자신이 정해야 한다. 따라서 독자의 모든 의견을 수용하기보다 자기만의 색깔을 굳히는 데에 더 주력하길 바란다.

❼ Time : 시간

어떤 일이든 한 번에 완성되지 않는다. 콘텐츠 역시 여러 번 만들어야 손도 빨라지고, 독자의 시선도 쉽게 예상할 수 있게 된다. 지금 당장 많은 독자가 보지 않는다고 주눅 들 필요는 없다. 제작을 거듭하다 보면 어느새 많은 독자가 당신을 기다리고 있을 것이다.

❽ Steadiness : 끈기

1번부터 7번까지 모두 수행했다면, 마지막으로 실행해야 할 것은 바로 '끈기'다. 많은 크리에이터들이 이 점을 간과하고 단시간 내에 유명해지려 한다. 조금 늦어도 괜찮으니, 1~7번을 반복하며 당신다운 모습을 유지하라. 이것은 크리에이터로서의 기본자세다.

사람마다 성격과 재능이 다른 것처럼, 당신의 콘텐츠도 분명 다른 점이 있어야 합니다. 차이점을 찾는 과정에서 결국 "나는 잘하는 게 없어!" 하며 좌절에 빠질 때도 있을 테지만, 정확히 말하자면 없는 게 아니라 '못 찾는' 겁니다. 처음에는 유행하는 것을 그대로 사용할 수도 있습니다. 그러나 한 재료로도 다양한 요리가 만들어지듯이 유행도 적절히 활용하고 가공하다 보면 새로운 콘텐츠를 발견하는 계기가 될 수도 있습니다. 자기만의 콘텐츠로 유행을 만든다면 독자에게 더 오래 사랑받을 수 있을 거예요.

Chapter 5

누구보다 재밌게
남들과는 다르게

#희소성_키우기

11

개성

● ● ● ● ● ● ● ●

"화장품 리뷰를 올리고 싶은데, 그런 건 이미 너무 많죠?"

네, 무엇부터 봐야 할지 피곤할 정도로 충분히 많습니다. 정보가 지나치게 많기 때문에 독자 역시 원하는 정보를 얻기 어렵고요. 나도 그런 경험이 있었습니다. 사춘기도 아닌데 대뜸 이마 한가운데 여드름이 나서 어떤 제품을 써야 진정시킬 수 있는지 검색해봤어요. 그런데 제품을 포장한 패키지의 위, 아래, 옆을 촬영한 사진만 잔뜩 있고 정작 알고 싶은 정보는 없었어요. 의미 없이 스크롤만 죽죽 내리다 보니 어느덧 콘텐츠의 마지막, "아무튼 부드럽게 잘 발렸습니다! 공감 꾹─ 부탁드려요~"로 황급히 마무리 지은 후기를 보고 당혹스러움의 끝을 느꼈죠.

문제는 이런 후기가 아주 많다는 거예요. 게다가 칭찬이 좀 과하다 싶은 후기에는 아니나 다를까, "이 콘텐츠는 소정의 원고료를 받고 작성

됐습니다"라는 배너가 있었죠. 즉, 업체에서 돈을 받고 썼다는 이야기입니다. 이런 경우 제품을 직접 사용하고 느낀 그대로를 쓰지 않고, 기업의 입맛에 맞게 쓰였을 가능성이 높죠. 이렇게 만들어진 콘텐츠가 과연 독자에게 좋은 콘텐츠가 될 수 있을까요? 굳이 연재하지 않아도 될 만큼 이미 많은 콘텐츠가 있지만, 그 분야를 꼭 다루고 싶다면 다른 콘텐츠와의 차이를 만들어보세요.

이번 장에서는 여러분이 겪은 흔한 이야기를 색다르게 표현하는 방법을 알려드리겠습니다. 자신의 콘텐츠에 어떻게 적용할 수 있을지 고민해보세요. 언젠가 주변 사람들에게 자랑할 수 있으려면요. 물론 독자가 대신 자랑해주면 더 좋고요.

✅ 레고 속으로 들어가다
한마디로 설명하는 나만의 차별점

주제별로 콘텐츠를 나눠보면 서로 구별되지 않을 만큼 비슷한 콘텐츠가 매우 많습니다. 회사 생활을 다루는 콘텐츠도 그렇죠. 월급이 적다고, 퇴근이 늦다고, 월요일이라고, 상사가 일을 떠넘겼다고 푸념하는 이야기들이 대부분이거든요.

하지만 나는 내 콘텐츠가 다른 콘텐츠와 다르다고 자신 있게 설명할 수 있습니다. 그것도 한마디로요. "레고로 표현하는 사회초년생의 좌충우돌 회사 생활"은 나밖에 만들지 않는 콘텐츠이니까요. 이렇듯 콘텐츠에는 자신만의 차별점을 한마디로 표현할 수 있어야 합니다.

"내 콘텐츠는 주로 풍경 사진이야. 그런데 풍경만 찍는 건 아니고, 음식이랑, 지나가는 사람도 찍고…."

설명이 길어진다는 건 그만큼 내세울 것이 없다는 의미입니다. 이런 식으로 다른 사람에게 설명한다고 생각해보세요. 상대방에게 "그래서 뭐?"라는 말만 들을 겁니다. 그럴 때는 핵심을 과감하게 찌르세요.

"내 콘텐츠는 필름카메라 스타일의 사진이 많아."

차별점은 구체적일수록 좋습니다. 수많은 사진 콘텐츠 가운데 필름카메라 스타일의 사진이라고 말하면 어떤 콘텐츠일지 상상하는 데 조금 더 도움이 될 테니까요. 하지만 아직 부족합니다. 여기서 더 구체적으로 파고들면 제작 방향도 헷갈리지 않을 거예요.

어떻게 한마디로 설명할 것인가?

1	2	3	4
사진	필름카메라 스타일의 사진	자연을 촬영한 필름카메라 스타일의 사진	매일 노을을 촬영하는 필름카메라 스타일의 사진
하나의 주제를 정했지만, 범위가 매우 크다.	'무엇'을 찍겠다는 걸까? 더 구체적으로 정해보자.	훨씬 좋아졌다. 그러나 '자연' 중에서도 어떤 것을 중점적으로 다루는 건지 알 수 없다.	완성! 이제부터 자신의 콘텐츠를 보다 명확하고, 간략하게 소개할 수 있다.

우리가 알고 있는 유명한 콘텐츠는 땅굴을 파듯 딱 한군데만 파고듭니다. 주로 "~만 하는 콘텐츠"로 충분히 설명되거든요. 전국의 지하철역이나 기차역만 소개하는 여행 콘텐츠, 일반인만 찾아다니며 그들의 이야기를 듣는 인터뷰 콘텐츠, 영화에 쓰인 음악만 소개해주는 콘텐츠 등 그 종류도 다양하죠. 그러면 독자는 이런 콘텐츠를 혼자만 즐기지 않고 다른 사람에게 소개합니다. "그림체가 신선해", "(엄지를 치켜 올리며) 스토리 완전 탄탄해", "말투가 정말 웃겨", "등장인물이 진짜 멋있어" 등 봐야 하는 이유를 짤막하게 덧붙이면서요.

이것은 모두 그 콘텐츠만이 가진 차별화된 강점입니다. 독자가 다른 누군가에게 그 콘텐츠를 알리고 싶은 단 하나의 이유기도 해요. 차별화된 강점은 다른 콘텐츠를 봐야 할 이유를 모두 제칠 만큼 강력합니다. 맛집도 마찬가지입니다. 동네에 냉면 가게가 있는데도 굳이 먼 가게를 찾아가는 이유가 뭘까요? 그곳의 냉면은 뭔가 다르기 때문이 아닐까요?

여러분의 콘텐츠를 한마디로 설명하세요. "내 콘텐츠는 진짜 ~해!"처럼 자신 있게 설명할 수 있어야 합니다. 물론 그 한마디에는 다른 콘텐츠에서는 절대 찾아볼 수 없는 나만의 차별점이 들어가야 되겠죠. 방금 전 '사진'을 주제로 연습했던 것처럼 여러분의 콘텐츠도 큰 분야를 먼저 설정해보세요. 그리고 '필름카메라', '자연'처럼 차근차근 살을 붙여나가는 겁니다.

✅ 자동으로 떠오른다
콘텐츠와 나를 연결하기

만약 차별화 작업이 어렵게 느껴진다면 우선 닉네임부터 정해도 좋습니다. 고양이를 키우는 사람들이 자신을 '집사'라고 부르는 것처럼, 콘텐츠의 성격이 잘 반영된 닉네임을 설정해보는 거예요. 취향이나 성격이 비슷한 독자를 만날 수 있거든요.

내 닉네임은 '사원나부랭이'입니다. 누구나 겪은 회사 막내생활을 가장 잘 표현하는 단어죠. 독자 중 누군가는 "자기 자신을 나부랭이로 낮춰 부르는 사람은 성공할 수 없다"고 비판한 적도 있었지만, '귀염둥이 막내 사원'은 너무 염치가 없지 않나요? 무엇보다 전국의 인턴이나 사원들 중 꽤 많은 분이 닉네임만 보고 호기심을 갖고 내 포스트에 들어왔습니다. 그리고 나부랭이 생활을 보며 공감하고, '다음에 또 읽어야지'라고 느꼈을 거예요. 나중에는 길을 지나가다 레고만 봐도 내 콘텐츠를 떠올렸을지도 모르죠.

강연을 통해 실제로 나를 처음 만난 독자들은 "정말 레고와 닮았다"고 말하기도 했습니다. 정말 그럴까요? 에이, 설마요. 얼굴이 닮은 게 아니고, 그동안 콘텐츠에서 봐온 레고 캐릭터가 내 모습을 통해 자연스럽게 생각났을 뿐이죠.

독자는 콘텐츠를 보면서 자신의 경험과 대조하는 동시에, 콘텐츠 안의 화자를 크리에이터와 동일시 여깁니다. 즉, 콘텐츠 그 자체가 크리에이터가 되는 거예요. 그렇기에 우리가 만드는 콘텐츠는 결코 흔할 수 없습니다. 각자의 경험이나 생각이 모두 다른데, 어떻게 똑같은 형태의 콘

다양한 콘텐츠로 독자를 유입시키기

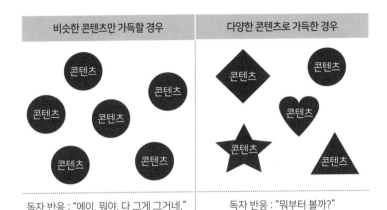

비슷한 콘텐츠만 가득할 경우	다양한 콘텐츠로 가득한 경우
콘텐츠 콘텐츠 콘텐츠 콘텐츠 콘텐츠 콘텐츠 콘텐츠	콘텐츠 콘텐츠 콘텐츠 콘텐츠 콘텐츠 콘텐츠
독자 반응 : "에이, 뭐야. 다 그게 그거네."	독자 반응 : "뭐부터 볼까?"

텐츠가 나올 수 있을까요? 혹시라도 누군가의 콘텐츠가 자신의 콘텐츠와 비슷하다면, 엄밀히 말해 다른 크리에이터들이 따라한 거라고 볼 수 있습니다. 순간의 잘못된 선택으로 콘텐츠의 개성을 잃게 만들지 말아야 되겠죠.

또한 다양한 콘텐츠를 선보이는 것 역시 독자가 나를 떠올릴 수 있는 방법 중 하나입니다. 만약 계속해서 비슷한 내용이나 형식을 띈 콘텐츠만 발행한다면 독자 입장에서는 지루할 수밖에 없겠죠. 어차피 어떤 콘텐츠를 봐도 별다른 차이가 없을 테니까요. 하지만 다음 콘텐츠가 궁금해지도록 다양한 이야기를 선보인다면 어떨까요? 독자의 흥미를 자연스레 불러일으키면서 한 콘텐츠에 더욱 집중하게 될 겁니다. 집중하게 될수록 기억에 오래 남는 콘텐츠가 되고, 어느새 그 콘텐츠를 제작하는 '나'에 대해 관심을 갖게 될 거예요.

자신이 속한 분야에서만큼은 독자가 '나'를 가장 먼저 떠올릴 수 있도록 만드세요. 콘텐츠에 '나'를 많이 담을수록 독자가 떠올리는 데 더욱 쉬워질 겁니다.

✅ 무기를 장착하자
콘텐츠의 매력 포인트

일본 후쿠오카의 지하철은 같은 호선이어도 역마다 색깔과 대표 로고가 다릅니다. 바다와 가까운 역은 노란색 요트, 공원과 가까운 역은 벚꽃, 공항이 있는 역은 비행기 등 모양도 다양해요. 일본어에 능숙하지 않은 외국인도 그림을 보고 필요한 장소에 찾아갈 수 있어요. 편의성에 개성까지 담은 좋은 아이디어입니다.

크리에이터도 콘텐츠를 기획하고 제작하는 건 모두가 같지만, 하나의 분야에서 자신을 드러낼 수 있어야 합니다. 개성은 연재 방식, 크리에이터만의 룰, 독자와의 약속, 메시지 등에서 자신만의 방법으로 만들어낼 수 있어요. 즉, 개성은 자신의 콘텐츠에 장착된 '무기'라고 볼 수 있습니다.

그럼 이제부터 다른 콘텐츠의 무기를 살펴봅시다. 두터운 팬층을 가진 콘텐츠들을 하나씩 살펴

보면 어떠한 방식으로 차별화할 수 있는지 시야를 넓히는 데 도움이 될 거예요.

❶ 개나 소나 다 하는 영어

영어 콘텐츠를 제작하는 버블양. 버블양의 콘텐츠는 귀여운 개와 소가 직접 출연해 영어로 대화를 나눈다. '개나 소나 다 하는 영어'가 컨셉이기 때문이다. 영어를 가르치는 콘텐츠는 많지만, 개와 소가 알려주는 건 버블양의 이야기가 유일하다.

❷ Humans of Seoul

〈Humans of New York〉은 뉴욕 사람들의 이야기를 담는 다큐 형식의 페이스북 페이지다. 이 페이지가 유행한 이후 전세계 도시별로 비슷한 페이지가 생겨났고, 〈Humans of Seoul〉 역시 유행에 힘입어 등장했다. 이들은 이름 그대로 서울 사람들의 이야기를 담고 있다. 초면인 사람에게 무작정 다가가 인터뷰를 요청하고, 인터뷰이의 말을 각색하기보다는 말한 그대로를 담담하게 보여준다. 일상 속 자연스러운 모습과 평범하지만 진심어린 말들로 독자의 뇌리에 콕 박히게 했다.

❸ 다다 리빙

〈다다 리빙〉은 광고 페이지로, 온라인 쇼핑몰에 판매하는 물품들을 특색 있게 소개하고 있다. 물품을 활용해 익살스러운 상황극을 연출하거나 스릴러 영화 스타일로 광고를 제작한 적도 있다. 물건을 판매하는 매체에 그치지 않고, 사람들이 계속해서 광고를 볼 수 있도록 기승전결 있는 재미있는 상황극으로 보여준 것이다. 이들은 광고 페이지임을 알면서도 사람들이 구독할 수밖에 없는 독특한 콘텐츠를 생산해내고 있다.

잘 보셨나요? 이들이 가진 무기와 그에 대해 독자가 느끼는 반응을 간략히 정리하면 이렇습니다.

- 개나 소나 → "쉽다"

- 초면 인터뷰 → "가식적이지 않다"

- 기승전결이 갖춰진 광고 상황극 → "광고지만 또 보고 싶다"

이처럼 콘텐츠 속에 있는 무기는 독자의 반응을 유도합니다. 〈개나 소나 다 하는 영어〉 시리즈를 예로 들어 설명할게요. '쉽다'의 기준은 사람마다 다를 거예요. 중간고사를 볼 때 어떤 학생은 어렵다고 느낄 수도 있지만, 누군가에게는 쉽게 느껴지는 것처럼요. 콘텐츠 역시 그렇습니다. 온라인 공간에서 '쉽다'는 말은 생각보다 쉽게 쓰기 어려워요. 독자 중 누군가는 쉽게 받아들이지 못할 수도 있으니까요. 하지만 '쉽다'를 '개나 소나 다 하는'이라는 표현으로 바꾸면 어떨까요? 따로 설명하지 않았지만 누가 봐도 쉬워 보이지 않나요?

이때 크리에이터가 주의할 점은 단 하나입니다. 내용이 정말로 쉬워야 한다는 거예요. 독자는 분명 쉬운 영어를 기대하고 콘텐츠를 접했는데, 막상 읽기도 어려운 문장들만 나열돼 있다면 독자는 실망감을 느끼고, 콘텐츠는 오래 사랑받기 어려웠을 겁니다.

여전히 "개성이 꼭 있어야 하나" 하고 생각하는 분도 있을 겁니다. 그럼에도 경쟁해야 하는 크리에이터가 지나치게 많아 한편으로는 걱정되기도 하겠죠. 그렇다면 우선 '콘텐트(Content)'와 '콘텐츠(Contents)'의 차이부터 이해해야 합니다.

- Content
- Content<u>s</u>

Content에는 딱 한 가지에 속한 것들만 포함됩니다. 영화를 생각해보세요. 영화의 대본이나 배경음악은 그 영화에서만 쓸 수 있죠. 그러나 Contents는 그보다 더 다양한 것들이 다수로 밀집돼 있는 것을 의미합니다. 컴퓨터를 생각해보세요. 컴퓨터 안에는 영화도 있고, 게임도 있고, 문서도 있습니다. 사용자는 그 중 무엇을 볼지 선택할 수도 있죠. 그렇다면 우리 콘텐츠는 왜 Contents라 부를까요?

온라인상에는 '나'와 '내'가 만든 콘텐츠만 있는 게 아닙니다. 다른 크리에이터와 다른 콘텐츠, 그리고 독자까지 함께 있죠. 모든 것들이 있어야 비로소 콘텐츠라 부를 수 있는 겁니다. 그곳에서 경쟁하려면 당연히 자신만의 남다른 표현 방법을 더해야 되지 않을까요? 자신의 성격이나 행동 습관, 말투 등의 개성은 다른 크리에이터가 따라하고 싶어도 쉽게 따라할 수 없는 것들이기 때문입니다.

독자가 여러분의 이야기에 귀 기울일 수 있도록 바로 옆에서 이야기하듯 재미있게 표현해보세요. 이것은 경쟁력 있는 콘텐츠의 길에 조금 더 다가서는 과정이기도 합니다. 또한 여러분의 무기는 콘텐츠의 차별화를 키울 겁니다. 자, 이제 가장 매력적인 포인트를 드러내세요.

표현

· · · · · · · · ·

TV에 나오는 연예인은 어쩜 그렇게 매력이 넘칠까요. 연예 기사도 온통 연예인들의 매력을 전하느라 바쁩니다. 대체할 수 없는 자기만의 매력이 있는 그들에게 팬이 있는 것은 어쩌면 당연한 이야기겠죠.

콘텐츠 크리에이터는 TV에 나오는 연예인이 아니지만 팬덤을 형성해야 합니다. 지속적으로 내 콘텐츠를 봐주는 사람이 있다면 그만큼 제작하는 원동력이 생기니까요. 그럼 어떻게 하면 팬덤을 형성할 수 있을까요? 정답은 간단해요. 다른 콘텐츠에서는 충족할 수 없는 것들을 내 콘텐츠에서 얻을 수 있도록 하면 됩니다. 자기만의 색깔과 스타일을 넣으면, 그림체나 말투만 봐도 '아, 이건 이 사람의 콘텐츠구나'라는 걸 알 수 있어요.

나는 콘텐츠의 개성을 살리는 데 꽤 오래 걸렸습니다. 거의 1년 정도

걸린 것 같아요. 만약 레고를 활용해보겠다는 생각을 하지 못했다면 여전히 구글링을 하며 인터넷 짤방들을 찾아다니느라 시간을 허비하고 있을 겁니다. 여러분은 나처럼 개성을 살리는 방법에 대해 오래 고민하지 않길 바라는 마음으로 몇 가지 팁을 알려드리겠습니다.

✅ 기대, 쉼, 반전을 사용하라
콘텐츠 전개의 3가지 방식

개성을 살린다는 건 크리에이터의 색깔을 넣는 일이라고 설명했지만, 여전히 추상적으로 느껴질 겁니다. 그렇다면 콘텐츠 전개 방식으로 개성을 표현해보세요. 이제부터 방법을 알려드리겠습니다. 지금부터 소개하는 세 가지만 따라해도 좋습니다.

첫째, 독자의 '기대감'을 높이세요. 크리에이터는 독자를 기대하게 만들어야 합니다. 이야기를 너무 길게 끌지 말되, 독자가 꼭 듣고 싶어 하는 것, 보고 싶어 하는 것, 알고 싶어 하는

엄청나게

무지막지하게!

어마어마하게!

것을 적절한 타이밍에 공개해야 해요. 미리 보기가 가능한 썸네일에서 사용해도 좋고, 킬링파트를 만들 때 응용해도 좋습니다. 독자의 기대감을 높이면서 핵심을 전달하세요.

둘째, '쉬어가기'입니다. 한 번은 쉬어가세요. 독자를 웃겨야 하는 상황이라면 쉴 틈을 주는 겁니다. 콘텐츠의 재미가 절정에 이르기 직전에 한 박자 쉬어간다면 독자는 참아왔던 웃음을 더 크게 터트릴 수 있으니까요. 롤러코스터를 생각하면 이해가 쉽습니다. 롤러코스터는 재미를 극대화하기 위해 내리막길에 다다르기 직전 가장 천천히 달리거든요.

〈그 남자의 사회생활〉에선 '쉬어가기' 장치를 자주 씁니다. 모두 똑같은 표정의 레고지만, 한 박자 쉬면 레고에 감정이입을 할 수 있기 때문이죠. 이 에피소드의 내용은 이렇습니다. 상사는 기획안을 다시 작성하

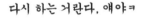

라고 지시하죠. 세 번째 컷에서 굳어 있는 레고(사원나부랭이)의 표정을 보면서 독자도 긴장하게 됩니다. 그렇게 잠시 쉬었다가 마지막에서 분노의 감정을 터뜨리죠. 마치 화산이 폭발하는 것처럼요. 이러한 장면은 독자가 크게 공감하면서 박장대소할 수 있습니다.

셋째, '반전'을 사용하세요. 반전은 독자가 가장 사랑하는 방식 중 하나입니다. 뜬금없는 장면전환으로 자신이 기대했던 이야기와 달리 전혀 예상치 못한 이야기 전개에 재미를 느낄 수 있으니까요. 또한 반전을 사용하게 되면 반전된 상황을 굳이 설명하지 않아도 전달되기 때문에 불필요한 장면은 생략할 수 있죠.

물론 이 세 가지 방법 중 꼭 한 가지만 쓰지 않아도 됩니다. 여러 개를 동시에 사용하면 더욱 효과적이죠.

송년회를 준비해달라는 대표님의 부탁

이번 송년회는 특색 있게 꾸미고 싶어.

음… 뭐랄까?
우리 회사가 또라이처럼 보였으면 해.

특색..이요..? 어떤?

네에!?!

아무렴 어때.
그럼 알아서 해봐.

…

트라이앵글 와이드 벼엉~신(丙申) 맞이 송년회

=알아서 (야근)해 봐.

벼엉~신 맞이 송년회

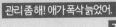

이 세 컷의 짧은 에피소드에는 '쉬어가기'와 '반전'이 동시에 쓰였습니다. 잠깐 쉬게 한 후 반전으로 전개했죠. 독자가 콘텐츠 흐름대로 천천히 읽을 수 있으면서도, 재미있게 볼 수 있는 전개방식입니다. 이외에도 자신의 이야기를 더욱 재미있게 할 수 있는 방식이면 무엇이든 좋습니다. 한번 활용해보세요.

⊘ 진짜 가치는 눈에 보이지 않는다
퀄리티를 높이는 내용

무조건 콘텐츠를 예쁘게 만든다고 유명해질까요? 콘텐츠는 예쁜 것보다 내용에 더 충실해야 합니다. 처음 콘텐츠를 시작하는 사람일수록 겉을 완벽하게 만들려고 노력하지만, 내용이 시원찮으면 아무리 화려한 디자인으로 꾸며도 다 소용없습니다. 무엇을 보여줄 건지에 따라 콘텐츠의 가치가 달라지니까요.

처음 콘텐츠 1화를 연재할 당시, 나는 파워포인트로 덕지덕지 붙이듯 만들었습니다. 지금은 조금 흑역사처럼 느껴지긴 해도 그때 당시엔 하나도 창피하지 않았죠. 오히려 마음 편하게 만들었던 기억이 납니다. 그렇게 느리지만 하나하나 정성 들여 만든 덕분에 나만의 개성을 찾을 수 있었고, 또 발전시킬 수 있었어요. 다른 사례도 살펴볼까요?

한국민속촌은 관람객 유치를 위해 새로운 마케팅팀을 꾸렸습니다. 이들의 마케팅 목적은 민속촌을 따분한 곳이라 여기던 사람들의 인식을 조금이나마 벗어나게 하는 거였죠. 이들이 선택한 방법은 유튜브를 통한 홍보 영상이었습니다. 한국민속촌을 방문하는 관람객이 직접 영상에 출연해 함께 즐기는 현장을 기록한 거죠. 인위적으로 장면을 연출해 보여주기보다는 영상을 보는 시청자가 그곳의 생생한 현장감을 느낄 수 있도록 말입니다.

예를 들어, 관람객이 화장실에 들어가 있으면, 민속촌 농악단이 굳게 걸어 잠근 화장실 칸막이 문 앞에 모여 꽹과리와 장구 등 다양한 악기를 사용해 연주를 합니다. 누군가의 거사를 응원하는 우스꽝스러운 장면을 담는 거죠. 10초도 안 되는 짤막한 영상이지만 이 영상을 본 사람들은 모두 즐거워했어요. 혹시 이 유튜브 영상의 퀄리티가 상당할 거라 생각하나요? 전혀요. 그다지 많은 공을 들이진 않았습니다. 스마트폰으로 촬영하고, 가독성 좋게 자막을 입힌 게 전부죠. 그런데 사람들은 이들의 영상을 계속해서 보고 싶어 했습니다. 그곳에서만 느낄 수 있는 독특한 재미와 관람객이 주축이 되는 새로운 콘텐츠를 제공했으니까요.

여태껏 보지 못했던 신선한 홍보 영상을 만들어내 효과를 톡톡히 본 한국민속촌은 그와 비슷한 맥락으로 다양한 프로그램도 진행하고 있습니다. '이놈 아저씨의 집에 벨 누르고 도망가기', '밭에서 수박 서리하기' 등 관람객 누구나 참여할 수 있는 프로그램으로 이들만의 차별성을 계속해서 키우고 있어요. 이처럼 콘텐츠의 가치는 크리에이터 스스로 만드는 겁니다. 화려한 디자인으로 포장된 빛 좋은 개살구가 아닌, 내용으로 말이죠.

콘텐츠 하나를 보는 데 독자는 3분이면 충분하지만, 그 한 편을 만들기까지 크리에이터는 3일 동안 머리를 싸매야 합니다. 하루는 아이디어를 찾는다는 핑계로 가만히 있고, 또 하루는 일단 주변 사람들이 무슨 말하는지 관찰하고, 마지막 하루에는 피, 땀, 눈물 모두를 다 쏟아붓고는 "내가 왜 이걸 한다고 해가지고!" 하며 혼자 씩씩거리게 되죠.

그 시간들이 모여 벌써 3년이 됐습니다. 연재 초기였으면 짤방과 어울리는 문장 몇 개만 집어넣으면 금방 끝났겠지만, 요즘은 한 컷을 만드는 데도 꽤 오래 걸립니다. 여러 장을 촬영했다가 다시 찍고, 글을 썼다가도 지우기를 반복하거든요. 마음에 들지 않는다는 게 가장 큰 이유지만, "과연 이렇게 연재하면 나의 개성이 보일까?" 하는 고민도 들기 때문입니다.

매번 콘텐츠를 만들 때마다 콘텐츠의 가치를 어떻게 하면 높일 수 있을지 고민했습니다. 그리고 세 가지 답을 얻었죠.

❶ 분야를 정하자

앞서 처음부터 분야를 정하지 않아도 된다고 했지만, 한 달 가까이 주제를 정하지 못하는 것도 문제다. 이때는 자신의 생활 패턴을 한번 분석해보자. 페이스북을 켜면 어떤 것에 '좋아요'를 누르는지, 서점에 가면 정말 읽고 싶어서 집는 책은 무엇인지 등 자신의 취향을 알면 분야를 찾는 데 도움이 될 것이다.

❷ 포기하지 말자

어느 분야에서든 "포기하지 말라"라는 말이 통용된다. 그러나 막상 행동으로 옮길 땐 지켜지지 않는 경우가 많다. 나는 늘 "어떻게 하면 콘텐츠를 잘 만들 수 있나요?" 하고 묻는 분들께 "딱 100개만 만들면 된다"고 조언한다. 크리에이터가 진정으로 되고 싶다면 끈기를 가져야 한다. 천천히 단계를 밟다 보면 어느새 정상에 와 있을 것이다.

❸ 정기적으로 제작하자

나는 현재 직장을 다니고 있어서 1주일에 겨우 두 번 있는 휴일을 콘텐츠를 제작하는 데 모두 쓴다. 남들 놀러갈 때 집에서 레고를 만지며 촬영하기 때문에 포기해야 하는 부분이 상당히 많다. 하지만 그건 나의 개인적인 사정일 뿐이다. 정기적인 제작은 독자와의 약속이므로 꼭 지켜야 한다.

말로는 참 쉬운 내용입니다. 하지만 지키기는 버거운 것들이죠. 매일 매일 다른 상황이 닥치기 때문입니다. "오늘은 꼭 콘텐츠를 만들 거야!" 하고 열정이 활활 불타오르는 날에 친구가 "오늘 밤은 기니까 콘텐츠고 뭐고 그냥 나와!" 할 수도 있고, 이상하게 집안일이 많이 밀려 있을 수도 있죠. 그런 상황을 독자에게 모두 이해해달라고 부탁하는 것은 한계가 있습니다. 그래서 제작을 중단하는 크리에이터도 많이 봤고요.

그러나 이 세 가지만 잘 지켜도 좋은 콘텐츠 만들기는 '누워서 떡 먹기' 일 겁니다. 여러분도 어려운 것을 해냈다는 자부심을 한번 느껴보고 싶지 않나요?

Chapter 6

보고 또 보고, 듣고 더 듣고

#콘텐츠_제작에서_주의해야_할_것들

13

이미지

· · · · · · · ·

콘텐츠를 제작할 때는 주제에 따라 이미지(사진), 텍스트, 말투, 색 등을 신중하게 선택해야 합니다. 눈에 띄고 싶어서 강렬한 빨간색 배경이나 알록달록한 색을 의미 없이 사용하거나, "날씨가 좋지 않다"는 표현을 써놓고 정작 사진은 파란 하늘이나 아름다운 해수욕장을 사용한다면 어울릴까요? 분명 이상해보일 겁니다.

특히 이미지는 어떤 효과보다 단번에 시선을 끌기 때문에 잘 활용해야 합니다. 알맞은 이미지를 선택하면 메시지를 보다 효과적으로 전달할 수 있습니다. 이미지만으로도 충분히 상황이나 시간, 장소, 주인공의 행동, 생각, 마음까지 표현할 수 있죠.

많은 독자가 내게 이메일로 이미지 사용에 대한 문의를 합니다. 그래서 아예 콘텐츠로 풀어내기도 했죠. 하지만 그것은 극히 일부분에 불과

다름이 아니라,
요즘 메일을 너무 많이 받아서요..

피규어로 어떻게 연재해요?
편집 노하우가 있나요?
:

합니다. 그러므로 여기 나오는 방법들은 자신의 방법을 찾기 위한 수단으로 활용하되, 언젠가 자기만의 방법을 터득하길 바랍니다.

또한 작은 팁이지만 저작권에 대해서도 알려드리고자 합니다. 바다에 놀러가고 싶다며 인터넷에 떠도는 바다 사진을 마음대로 가져다가 쓰면 바다 근처는커녕 경찰서부터 가게 될지 모르니까요. 저작권 무료 사이트에서 제공하는 자료들을 제외한 모든 콘텐츠에는 저작권이 있습니다. 그러므로 원작자의 동의가 필요하며, 또 원작자가 동의했다고 해도 출처를 올바르게 표기해야 하죠. 저작권은 알면 알수록 머리가 복잡해지지만, 기본만 지켜도 훌륭한 콘텐츠를 만들 수 있습니다.

✅ 뭐가 더 보기 좋을까
구도 활용하기

그림을 못 그리는 나는 기록하고 싶은 장면을 그림 대신 사진으로 남겨 둡니다. 다양한 각도와 구도로 여러 장을 촬영하죠. 친구들은 처음에 이런 모습을 보고 욕을 하더니 이젠 건들지도 않습니다. 어쨌든 사진을 많이 갖고 있으면 언젠가 콘텐츠로 활용하게 된다는 사실을 잘 알고 있으니까요. 그리고 사진을 찍는 또 다른 이유가 있습니다. 같은 피사체여도 어떻게 촬영하느냐에 따라 달리 보이거든요.

아래 사진을 보세요. 왼쪽은 분위기 있는 카페와 빙수가 조화롭게 어우러진 모습이라면, 오른쪽은 맛있는 찹쌀떡이 입맛을 자극하게 만드는 사진이죠. 만약 맛있는 팥빙수라는 걸 강조하고 싶은데, 팥빙수보다 왼쪽의 사진처럼 카페 풍경을 보여준다면 어떨까요? 아마 독자는 크리에이터가 전하고자 하는 메시지를 놓칠 가능성이 큽니다. 결국 하나의 장면을 독자에게 전할 땐 맥락에 어울리는 것을 보여줘야 하는 거죠. 따라

서 촬영 구도는 매우 중요합니다. 구도만 잘 잡아도 크리에이터가 하고 싶은 말이나 감정을 더 명확하게 전달할 수 있거든요.

나는 레고 피규어를 사용해 연재한 순간부터 또 다른 고민이 생겼습니다. 짤방 이미지를 가져다 쓸 땐 저작권 위법의 소지가 다분했지만 독자에게 표정이나 감정을 생생하게 전달할 수 있었습니다. 그런데 레고는 굉장히 정적인 피사체여서 표정도 늘 똑같고, 팔다리도 앞뒤로만 움직이니 행동에 제약이 있었어요. 무엇보다 상황에 필요한 부품들을 그때그때마다 구매해야 했습니다. 월급도 나부랭이 격이었던 사회초년생에게 비싼 장난감 구매는 큰 부담이었죠.

주로 경험을 전하는 콘텐츠이기 때문에, 독자도 내가 겪은 상황을 제대로 이해하려면 그 상황의 모든 것을 하나하나 알려줘야 했습니다. 말하는 사람은 누구인지, 그 순간의 분위기는 어땠는지, 손에 뭘 들고 있는지 등 세심하게 연출해야 했죠. 그래야만 비로소 독자가 이야기에 집중할 수 있을 테니까요. 그렇다고 상황이나 배경을 일일이 설명하면 글자의 양도 많아지고 가독성도 낮아질 게 뻔했습니다. 그때부터 꼼수를 부리기 시작했어요. 차라리 가지고 있는 레고 소품을 최대한으로 활용해보는 편이 낫겠다고 생각했습니다.

실제로 구도를 다르게 해 촬영해보니 완전히 색다르게 보였습니다. 예를 들어, 편지봉투 소품도 계산대 근처에 두니 지폐처럼 보였고, 무전기 소품을 통화하는 장면에 넣으면 독자는 자연스레 전화기로 받아들였죠. 한 장면의 대상이나 소품을 잘 보이게 촬영한 덕분에 독자는 이야기를 빠르게 이해할 수 있었던 겁니다. 그럼 이제 구도를 활용한 네 가지 방법을 소개해드릴게요.

❶ 소품 활용

얼마예요?
천 원이요~
A1

저..저기요..
네?
뒤에 줄 길어요!
A2

B1

B2

구도는 소품의 역할을 더욱 부각시켜준다. 구도를 잡을 때 '인물과 사용하는 소품이 잘 보이는가'를 중점적으로 살펴보길 바란다.

A1과 A2는 계산대에서 점원과 이야기를 나누는 모습을 촬영한 것이다. 계산대로 보이는 저것은 사실 컴퓨터 부품이지만, 대사와 함께 어우러지니 자연스럽게 계산대처럼 보인다. 하나의 장면을 연출할 때 대상이나 사물의 위치를 다르게 해 3~4장씩 촬영해보자. 각 장면에 어울리는 이미지를 선택할 수 있다.

B1과 B2 중 손에 든 소품이 잘 보이는 이미지는 무엇일까? 소품의 측면을 보여주는 B1보다 정면을 보여주는 B2가 훨씬 잘 보일 것이다. 구도는 소품 외에도 인물, 배경, 심지어는 주인공의 작은 변화(얼굴 표정이나 행동)까지도 알려주는 중요한 역할을 한다.

❷ 행동 표현

어떤 구도로 인물을 보여주느냐에 따라 행동이 달리 보인다. C1은 인물의 걸어가는 모습을 뒤에서 촬영했다. 프레임의 바깥에서 이 장면을 보는 독자는 인물이 점점 멀어지는 듯한 느낌이 들 것이다. 이런 구도는 어딘가를 향해 떠나는 모습을 연출할 때 좋다. 반대로 C2는 앞을 향해 걸으므로 점점 다가오고 있다는 느낌을 준다. 작은 차이만으로도 인물이 어느 방향으로 향하는지 알 수 있기 때문에 불필요한 설명을 줄일 수 있다.

시선 처리를 다르게 하는 것도 방법이다. D1과 D2는 모두 정면에서 촬영했지만, D1은 측면을, D2는 정면을 바라보고 있다. 만약 대화를 하는 상황이라고 가정해본다면, 각각의 레고가 향하는 시선에 따라 상대방의 위치를 유추할 수 있을 것이다.

➌ 전체적인 장면

이 이미지는 전체적인 장면을 보여주기 위해 위에서 촬영한 모습이다. 위에서 촬영하는 구도가 항상 정석은 아니지만 이 상황에서만큼은 꼭 필요한 구도였다. 만약 정면에서 촬영했다면 뒤에 있는 레고들을 보여주기가 어려웠을 것이다. 어느 경우에나 통하는 법칙은 없지만, 사선구도나 수평구도 등을 미리 고려해 촬영하면 훨씬 좋은 결과물이 나올 수 있다. 그 중에서도 가장 최적의 구도는 독자가 보기 편한 구도다.

독자가 보기 편한 구도를 빠르게 배울 수 있는 방법 중 하나는 바로 TV 프로그램 시청이다. 각 장면별로 어떤 화면을 보여주고 있는지 살펴보는 것이다. 〈무한도전〉을 생각하면 쉽다. 출연자가 등장하기 전, 카메라는 항상 촬영하는 장소부터 보여준다. 출연자가 스키를 타러 간다면 스키장부터 보여주는 것이다. 이것은 시청자에게 전체 배경을 이해시키기 위한 가장 기본적인 작업이다. 그 다음으로 내부공간은 어떻게 구성돼 있는지, 회차에 등장하는 인물은 누구인지를 알려주는 세세한 장면을 보여주는 것이 좋다.

➍ 선택과 집중

레고의 특성상 각 부품마다 색이 강하기 때문에 여러 모양과 색이 섞일 경우에는 어느 한 부분에 집중시키기가 어렵다. 그러므로 E1처럼 다양한 색으로 화면을 가득 채우면 인물을 한 번에 알아볼 수 없다. 반면 E2은 뒤에 배경(건물)이 있음에도 레고를 배경 밖에 위치하니 인물이 확실하게 보인다. 여기에서 우리는 배경이 단출할수록 보여주고자 하는 대상을 더욱 돋보이게 할 수 있다는 사실을 알 수 있다.

자, 이제 복습입니다. 여러분도 한번 생각해보세요. 아래 두 사진은 각각 세종대로와 세종문화회관의 비천상을 보여주고 있습니다. 만약 비천상을 소개하는 콘텐츠를 제작하려면 다음 두 사진 중 어떤 것을 먼저 보여주는 것이 좋을까요?

앞서 3번에서 언급했듯, 이야기를 하려는 배경(장소)을 보여주면 독자가 이해하기 수월할 겁니다. 그렇다면 왼쪽의 세종대로가 먼저 나온 후에는 당연히 오른쪽의 비천상 사진이 나와야 되겠죠. 그 다음 전개 역시 중요합니다. 비천상을 소개하려는 분명한 목적이 있다면, 세종대로의 모든 것을 다 보여주겠다는 패기로 나서지 말고 하나만 제대로 보여줘야 합니다. "세종대로엔 비천상도 있고, 세종대왕도 있고, 이순신 장군님도 있어요!"라고 말하는 것보다 비천상만을 선택해 집중하는 것이 독자의 기억에도 오래오래 남을 테니까요.

다양한 이야기를 한꺼번에 담는다고 해서 콘텐츠의 질이 높아지는 것은 아닙니다. 오히려 하나만 콕 집어 전하면 콘텐츠의 주제를 더욱 명확하게 드러낼 수 있어요. 혹시 전하고 싶은 말이 있나요? 그렇다면 단도직입적으로 말한 뒤 넘어가는 것도 좋은 방법입니다. 독자가 그것을 볼 수밖에 없도록 만드는 거죠.

만약 이 사진을 보여주며 "일본은 아름답습니다"라고 말하면 독자는 어리둥절할 겁니다. 차라리 "저 간판의 색 조화를 보세요. 이제야 일본에 온 것이 실감납니다"라고 말하는 게 훨씬 명확하죠. 어딜 보라는 건지도 알겠고, 하고 싶은 말이 뭔지도 단박에 알 수 있으니까요.

촬영할 때 이미지의 구도에 보다 신경 쓰고 그에 어울리는 글을 작성해보세요. 크리에이터의 제작 의도를 전달하는 데 효과적일 겁니다.

◉ 효과를 배로 만들자
이미지에 메시지를 더하기

아무리 구도를 잘 잡아도 부족한 부분은 있기 마련입니다. 그 부족한 부분 때문에 독자가 이해하지 못한다면 완벽하게 보완해야 되겠죠.

회사 공식 블로그를 운영하면서 직원들의 일상을 영상에 담을 때가 많았습니다. 픽션이 아닌 최대한 자연스러운 모습을 담고 싶었거든요. 그러다 재미있는 장면을 아쉽게 놓치기도 하고, 영상 속 인물들의 대화가 많아 어느 한 부분을 제대로 부각하기도 쉽지 않았습니다. 그럴 때마다 프리미어 프로라는 영상 편집 프로그램을 이용해 전하고 싶은 주제에 맞게 장면을 확대하기도 하고, 여러 효과도 쓰고, BGM(Background Music)도 넣어봤죠.

영상은 시각과 청각자료를 모두 활용하기 때문에 메시지를 더하는 작업이 상대적으로 쉽습니다. 지금부터는 이미지에 메시지를 더해봅시다.

❶ 확대

사내에서 진행했던 낚시게임 영상 중 한 장면이다. 이미지를 자세히 보면 등장인물의 손을 확대해 보여주고 있다. 손으로 하는 행동이 영상에서 중요한 부분이기 때문이다. 이처럼 확대는 인물의 표정이나 행동을 부각시키고 싶을 때 주로 이용한다. 〈그 남자의 사회생활〉에서도 인물이 당황하는 모습을 강조할 때 레고의 상반신만 크게 확대해 보여준다. 꼭 전달하고 싶은 장면이 있다면 뭐든 크게 하자.

❷ 집중

집중은 시선을 끌어당긴다. 가장 대표적인 방법은 두 색을 반복해 소실점으로 이어지게 하는 것이다. 한눈에 확 들어오기 때문이다. 만약 빨간색과 노란색을 사용했다면 훨씬 눈에 띌 것이다. 하지만 강렬한 색을 자주 사용하지는 말자. 독자의 눈을 피로하게 만들기 때문이다.

❸ 중첩과 뒤틀기

중첩은 이미지 위에 같은 이미지를 조금 투명하게 해서 얹는 효과를 말한다. 애니메이션에서 지진이 발생하거나, 머리가 어지러울 때 사물이 여러 번 겹쳐져서 보이게 하는 것처럼 말이다. 또한 중첩과 함께 사용하면 좋은 효과에는 '뒤틀기'가 있다. 인물 위에 인물을 포개는 동시에, 이미지의 형상을 뒤틀어 보여주면 당황한 인물의 모습을 나타낼 수 있다.

❹ BGM

영상, 이미지, 사진 등과 조화롭게 이룬 BGM은 독자가 콘텐츠의 맥락을 이해하는 데 도움을 준다. 어두운 밤 혼자 길을 걸어갈 때 으스스한 음악이 흘러나오는 것처럼 말이다.

주의할 점은 원 저작자의 동의를 얻거나 반드시 저작권을 확인해야 한다는 것이다. 저작권 무료 사이트를 활용하거나, 플랫폼마다 무료로 제공하는 BGM이 있으니 참고하길 바란다.

이외에도 더 많은 방법이 있겠지만, 콘텐츠를 더 완벽하게 만들 수 있는 나만의 방법을 개발하는 것이 더 중요합니다. 적절히 활용하다 보면 자신의 콘텐츠 유형에 어울리는 방식을 분명 찾을 수 있을 거예요.

잘못 쓰면
혼난다

올바른 저작권 표기법

"출처 표기가 제대로 돼 있지 않다"는 말을 처음 들었을 때를 기억합니다. 그 말을 듣자마자 가슴이 쿵쾅쿵쾅 뛰었죠. 법과 관련된 문제였으니까요. 법 없이도 잘 사는 내게 가장 무서운 말이 아니었나 싶습니다.

콘텐츠 크리에이터에게 저작권은 뛰어넘어야 할 허들과 같습니다. 귀에 걸면 귀걸이, 코에 걸면 코걸이처럼 촘촘하게 짜여 있는 법 조항들을 다 지켜야 하거든요. 오죽하면 일부 크리에이터들은 "에이, 더러워서 내가 만들고 말지!" 하며 음악이며 이미지, 영상 등 콘텐츠 소스를 처음부터 끝까지 직접 만들기도 합니다.

그렇다고 모든 콘텐츠 소스를 자체적으로 만들 수 있을까요? 몸은 서울에 있는데, 동해 바다와 관련된 콘텐츠를 만들어야 한다고 해서 지금 당장 속초행 버스 티켓을 끊는 건 아마 무리일 겁니다. 그럴 경우 어쩔 수 없이 다른 사람이 촬영하거나 만든 자료를 활용해야 하는 상황이 발생하게 되겠죠. 이때도 원작자의 동의를 얻고 출처를 올바르게 표기해야 됩니다. 출처를 기재하는 표기법은 기본적으로 누가, 언제, 무엇을, 어디서 등과 같이 육하원칙에 맞춰 쓰는 것이 기본입니다. 하지만 매체가 어디냐에 따라 표기하는 방법이 다르기 때문에 자주 사용하는 출처 표기법은 미리 알아두면 좋겠죠.

보통 책의 출처를 밝힐 땐 책의 저자, 책 제목, 번역자(외서의 경우), 출판사, 발행연도, 페이지를 순서대로 작성합니다. 예를 들어, 이 책의 내용을 인용한다면 다음과 같이 표기하면 됩니다.

장근우, 《콘텐츠의 정석》, 예문아카이브(2017), p.200.

종이 신문이나 인터넷 뉴스 기사를 인용하는 경우도 있겠죠. 이때는 기자 이름, 기사 제목, 신문 이름, 날짜, 면수를 적는 것이 일반적이지만, 인터넷 뉴스 기사를 표기할 경우에는 면수가 따로 없기 때문에 약간의 차이가 있어요.

❶ 종이 신문
장근우, "먹어도 먹어도 맛있는 밥", 〈예문일보〉, 2017.03.15, 7면.

❷ 인터넷 뉴스
장근우, "금요일 밤, 취객에 몸살 앓는 서울", 〈예문타임스〉, 2017.04.01.

또한 인터넷 기사의 출처를 밝힐 때는 'URL(Uniform Resource Locator)'을 함께 작성하는 것이 좋습니다. 이 경우 플랫폼의 특성을 고려해보세요. 네이버 포스트나 브런치처럼 모바일 환경에 최적화된 화면에서 보기도 힘든 아주 긴 URL이 적혀 있다면 독자 입장에선 무척 난감할 테니까요. 이럴 경우에는 '하이퍼링크(hyperlink)'를 사용해보는 것도 좋은 방법입니다. 하이퍼링크란 텍스트 내 밑줄 친 부분이나 본문과 다른 색으로 표시된 부분으로, 클릭하면 제작자가 미리 입력해놓은 링크로 이동하게 하는 기능이죠.

❶ Before : URL 전체 링크를 모두 작성한 경우
장근우, "금요일 밤, 취객에 몸살 앓는 서울", 〈예문타임스〉, 2017.04.01.
*링크 : http://post.naver.com/my.nhn?memberNo=1820855

❷ After 1 : '클릭 시 이동' 문구에 하이퍼링크를 적용한 경우
장근우, "금요일 밤, 취객에 몸살 앓는 서울", 〈예문타임스〉, 2017.04.01. (클릭 시 이동)

❸ After 2 : 문장 전체에 하이퍼링크를 적용한 경우

장근우, "금요일 밤, 취객에 몸살 앓는 서울", 〈예문타임스〉, 2017.04.01.

하이퍼링크를 적용하니 훨씬 깔끔하지 않나요? 그만큼 독자의 눈도 편해지겠죠. 하이퍼링크는 글뿐만 아니라 이미지의 출처를 밝힐 때도 유용합니다.

물론 하이퍼링크로 연결해 가져오기만 하면 안 됩니다. 먼저 링크를 표기할때는 반드시 원문인지 아닌지부터 확인해야 하니까요. 즉, 앞에서 본 예문타임스의 기사를 지인의 블로그에서 봤다 하더라도, 삽입할 링크는 해당 블로그가 아닌 예문타임스 사이트의 기사 페이지를 찾아 입력해야 해요.

또한 출처를 밝힌다고 모든 게 해결되는 것도 아닙니다. 글이나 이미지를 사용하기 전에는 원 저작물의 'CCL(Creative Common License, 저작물 이용 허락)'을 확인해야 하거든요. 이것은 저작권 보호를 위한 일종의 라이선스이며, 일반적으로 우리가 알고 있는 '카피라이트(Copyright)'와는 성격이 다소 다릅니다. 쉽게 풀어 설명하자면, 카피라이트는 웹사이트의 맨 하단에 주로 보이는 "Copyright ⓒ All Rights Reserved"로, "모든 권리는 제작자에게 있다"는 의미입니다. 그러므로 저작권자의 허락 없이는 공유가 불가하지만, CCL은 "이것만 지키면 괜찮다"고 저작권자가 설정한 조건만 따르면 자유롭게 공유가 가능하죠. 만약 카피라이트만 표시된 곳에서 별도의 허락 없이 마음대로 이미지를 사용했다면 여러분의 종착지는…, 이쯤 말하겠습니다.

페이스북은 업로드된 동영상의 배경음악까지 자동으로 저작권을 판별해 게시 여부를 따집니다. 동영상을 이미 게시했더라도 영상에 사용된 음악이 저작권에 등록돼 있으면 그 영상은 곧바로 비공개로 전환되죠. 어떤 사람은 유튜브로 게임 방송을 하다가 제지를 당하기도 했어요. 이유인 즉슨 게임을 하면서 인기 가요 TOP 100을 재생했기 때문입니다.

나도 저작권과 관련돼 호되게 당한 적이 있습니다. 인터넷에 정처 없이 돌아다니는 캡쳐본이나 이미지를 활용해 콘텐츠를 만들었기 때문이죠. 한마디 말

CCL 표시와 의미

표시	의미
(cc)	저작물을 공유함.
(i)	저작권 표시 : 저작자 이름, 출처 등 저작자에 대한 사항을 반드시 표시해야 함.
($)	비영리 : 저작물을 영리 목적으로 이용할 수 없음.
(=)	편집 및 변경 금지 : 저작물을 이용한 2차적 저작물 제작을 금지함.
(↻)	동일조건 변경 허락 : 동일한 라이선스 표시 조건 하에서의 저작물을 활용한 다른 저작물 제작을 허용함.

보다 다양한 표정이 담긴 이미지 한 장이 감정을 표현하는 데 훨씬 효과적이었으니까요. 그러나 그것은 곧 저작권 문제에 부딪히고 말았습니다.

매회 출처가 불분명한 이미지를 가져다 쓰다 보니, 네이버 담당 매니저가 "되도록 다른 데서 이미지를 가져다 쓰지 말라"는 피드백을 줬죠. 덧붙여, "꼭 써야 하는 상황이라면 반드시 출처를 표기하라"는 조언도 잊지 않았습니다. 이렇듯 저작권이 있는 이미지를 잘못 쓰면 누군가에게 혼쭐나게 됩니다. 무엇보다 콘텐츠를 다루는 직업을 가진 이상 저작권에 보다 민감해져야만 해요.

이토록 어려운 저작권의 세계에서 벗어날 수 있는 가장 좋은 방법은 자신만의 '아카이브(archive. 기록 저장소)'를 가지는 겁니다. 글을 쓰는 사람이라면 순간의 감정을 단어나 문장으로 기록해보고, 영상을 만드는 사람이라면 지나가는 길고양이나 해지기 직전의 노을도 놓치지 말고 카메라에 담아보세요. 자기만의 방법으로 아카이브를 꾸며보는 거죠. 창작의 고통이 따르겠지만 복잡한 저작권의 세계에서는 충분히 벗어날 수 있을 겁니다.

14

플랫폼

● ● ● ● ● ● ● ●

유튜브에서 망치(Maangchi)의 요리 영상을 너무 즐겁게 감상한 나머지 결국 원고 마감을 지키지 못했습니다. 세상에는 왜 이렇게 재미있는 게 많을까요.

망치의 본명은 에밀리 김(김광숙)입니다. 1992년 미국으로 이민을 간 에밀리는 이혼 후 게임중독자가 됐죠. 매일 인터넷 게임만 하던 그녀에게 자녀들은 "인터넷을 좀 더 효율적으로 사용했으면 좋겠다"는 조언을 하게 됐고, 이후 그녀는 한식 요리 전문 영상 콘텐츠를 만들기 시작했습니다. 당시 엉터리로 돼 있던 영문 조리법을 보고 직접 나서서 알려줘야겠다는 의무감도 있었다고 하네요.

영상에서 그녀가 사용하는 영어는 매우 쉽습니다. 덕분에 동영상이 업로드되면 구독자들이 자발적으로 자막 작업에 참여했죠. 영상은 그녀가 선택한 '플랫폼(platform)'인 유튜브를 통해 10여 개의 언어로 번역돼 세계 곳곳으로 유통됐습니다. 자신이 제일 잘하는 요리를 가장 잘 보여줄 수 있는 공간을 유튜브로 판단했고, 그 선택은 탁월했죠.

이제 그녀의 구독자는 200만 명이 넘습니다. 놀라운 숫자죠. 만약 그녀가 영상이 아닌 글로 요리법을 제공했다면 어땠을까요? 아무리 간단한 레시피를 알려줘도 수많은 콘텐츠에 묻혔을지도 모릅니다.

이처럼 플랫폼의 선택은 매우 중요합니다. 콘텐츠 기획 단계에 있는 독자라면 먼저 자신의 콘텐츠가 어느 곳에 가장 어울리는지 알고 있어야 해요. 플랫폼의 성격을 알면 쉽게 찾을 수 있습니다. 여러분의 콘텐츠는 어디에 있나요?

● 기차역 플랫폼과 온라인 플랫폼
플랫폼 용어 이해하기

콘텐츠 크리에이터가 아니더라도 플랫폼이란 용어는 친숙할 겁니다. 사전적 의미로 플랫폼은 '역에서 기차를 타고 내리는 곳'을 의미하지만, 이제는 의미가 확대돼 온라인 또는 오프라인에 관계없이 '사람이 모이는 공간' 자체를 지칭하게 됐습니다.

혹시 아직도 플랫폼하면 기차역부터 떠오르나요? 온라인상의 플랫폼과 서로 비교해보며 차이를 알아봅시다. 플랫폼의 용어를 조금 더 이해하기 쉬워질 거예요.

기차역 플랫폼에는 사람들이 많이 모입니다. 티켓을 구매한 뒤 기차를 타면 원하는 목적지로 갈 수 있으니까요. 자리에 가만히 앉아만 있어도 시간이 지나면 다른 지역에 도착하죠. 대신 기차를 잘못 타거나 놓치게 되면 다시 표를 끊어야 합니다. 하지만 온라인 플랫폼은 조금 달라요. 뉴스 기사나 커뮤니티 글을 보려고 클릭할 때 티켓을 따로 구매할 필요가 없을뿐더러, 클릭 한 번에 원하는 곳으로 바로 이동하죠. 잘못 클릭해도 '뒤로 가기' 버튼만 누르면 해결됩니다. 즉, 기차를 통해 원하는 목적지로 이동하려면 많은 시간이 소요되지만, 온라인에서는 손가락 하나면 눈 깜짝할 사이에 여기저기로 옮겨 다닐 수 있죠. 말하자면 여러분이 온라인 플랫폼에 글을 올리는 순간, 플랫폼을 이용하는 모든 독자가 그 글을 볼 수 있다는 이야기입니다.

온라인 플랫폼의 등장으로 우리의 이동시간은 훨씬 줄어들었습니다. 게다가 온라인에서는 수많은 콘텐츠로 볼거리가 넘쳐나죠. 덕분에 할 일이 없어 심심할 때 별 다른 목적 없이 플랫폼을 돌아다니다 보면 시간 가는 줄 모릅니다. 하지만 기차역에서는 있을 수 없는 일이죠. 목적지도 없이 기차에 오를 일은 별로 없을 테니까요.

✅ 취향을 저격하자
명확한 주제 설정

콘텐츠가 많아지면서 온라인 플랫폼도 진화했습니다. 사용자에게 개인 취향에 맞는 콘텐츠를 선별해줘 선택을 용이하게 해주죠. 예를 들어, 유튜브에선 내가 주로 보는 영상의 유형을 판단해 비슷한 유형의 콘텐츠를 추천해줍니다. 동물 다큐를 많이 보면 그 다음 접속할 때 동물 다큐 위주로 보여줍니다. 네이버 메인도 마찬가지입니다. 이미 수십 개의 '주제판(카테고리)'을 가지고 있지만, 사람들의 다양한 취향을 반영해 점점 더 세분화되고 있어요. 그래서 수많은 콘텐츠 중에서도 자신의 취향에 맞는 주제만을 선택해서 볼 수 있습니다. 사용자 입장에서는 매우 편한 서비스라 할 수 있죠.

콘텐츠 크리에이터는 온라인 플랫폼의 이러한 변화를 통해 두 가지를 찾을 수 있어야 합니다. 콘텐츠의 명확한 주제와 그 주제를 가장 잘 표현할 수 있는 플랫폼을 말이죠. 일단 주제가 명확해지면 시행착오가 줄어들 겁니다. 앞서 말한 유튜버 망치는 '요리'라는 주제를 정했기 때문에 요리 과정을 가장 잘 보여줄 수 있는 유튜브를 선택했듯이 말이에요. 만약 그녀가 주제 없이 플랫폼부터 정했다면 어땠을까요? 아마 여러 플랫폼들을 옮겨 다니면서 주제를 찾는 데 시간 낭비를 했을지도 모릅니다.

❶ 여러 주제를 한꺼번에 다룰 경우

• 요리, 자동차, IT → 요리나 자동차, IT에 관심 있는 독자

정확히 내 독자가 어느 분야에 특히 더 관심 있어 하는지 알 수 없어 확실한 독자층을 확보하기 어렵다. 무엇보다 독자 취향을 전부 고려해 콘텐츠를 제작하다 보면 결국 콘텐츠의 정체성이 흔들릴 수밖에 없다.

❷ 하나의 주제만 다룰 경우

• 일본 여행 → 일본 여행에 관심 있는 독자

명확한 주제가 있으면 독자가 관심 있어 하는 분야를 정확하게 알 수 있고, 콘텐츠의 정체성도 확고해진다.

검색에 많이 노출되고 싶거나 독자 수를 빨리 확보하기 위해 일부러 다양한 주제를 다루는 크리에이터도 있을 거예요. 그렇게 생각했다면 크나큰 오산입니다. 만약 지난주에 요리 콘텐츠를 만들고 이번 주에는 IT 업계의 동향을 정리했다면 어떨까요? 또 다음 주에는 차와 관련된 콘텐츠를 제작한다면요? 이 중 한 가지 분야에 관심 있던 독자가 유입되더라도, 정체성이 확립돼 있지 않은 콘텐츠를 지속적으로 받아보지 않을 확률이 큽니다. '대학생이 할 수 있는 요리, 대학생이 탈 수 있는 차, 대학생도 쉽게 이해하는 IT처럼 대학생과 관련된 주제로 콘텐츠를 만들면 되지 않나요?'라고 생각할 수도 있겠죠. 하지만 서로 연관이 없는 주제들을 혼자서 모두 다루기란 보통 쉬운 일이 아닐 겁니다.

욕심을 버리세요. 그리고 온라인 플랫폼들도 콘텐츠의 주제를 세분화하고 있다는 사실을 잊지 마세요. 주제가 점점 명확해질수록 독자층도 분명해집니다.

✅ 어디에 올려야 효과적일까
플랫폼의 성격

주제를 정했나요? 그럼 이제 그 콘텐츠를 어느 플랫폼에 올려야 할지 알아봅시다. 먼저 사례를 살펴보죠.

가수 지망생인 영희는 자신의 노래 실력을 자랑하고 싶어 합니다. 그러나 어느 플랫폼에 어떤 콘텐츠를 올려야 할지 막막하기만 하죠.

여러분은 영희에게 어떤 플랫폼을 추천해주고 싶나요? 나는 그녀에게 유튜브나 페이스북을 활용해보라고 말하고 싶습니다. 라이브 방송을 할 수도 있고, 녹화한 영상을 업로드할 수도 있으니까요. 얼굴이 드러나는 게 부끄럽다면 음성만 따로 녹음할 수도 있고요. 하지만 그녀가 블로그에 영상이나 음성도 없이 "제가 작곡한 노래는 심플하면서 화려하고, 모던하면서 판타지함을 느낄 수 있습니다"라고만 적었다면 어떨까요? 누가 영희를 가수로서 재능이 있다고 인정할 수 있을까요?

어떤 유형의 콘텐츠를 게시할지에 따라 플랫폼을 다르게 선택해야 합니다. 플랫폼마다 성격이 약간씩 다르기 때문에 차이를 명확히 파악해야만 자신의 콘텐츠가 어디에 어울리는지를 찾을 수 있을 거예요.

대표적인 플랫폼들을 소개합니다. 여러분의 콘텐츠를 어느 곳에 올려야 독자에게 효과적으로 다가갈 수 있는지 생각해보세요.

❶ 인스타그램, 트위터

트위터나 인스타그램은 1인당 소비하는 콘텐츠 개수가 많다. 비교적 콘텐츠를 올리는 데 많은 시간이 걸리지 않기 때문에 실시간으로 콘텐츠가 빠르게 늘어난다. 그만큼 하나의 콘텐츠를 보는 데 드는 시간이 짧은 편이다. 따라서 이곳에는 짧은 분량의 영상이나 글, 몇 장의 사진을 올리는 것이 적절하다.

• 인스타그램 : 감성을 자극하는 이미지가 주를 이룬다. 이미지만으로도 시선을 끌기 때문에 이를 설명하는 문장이 굳이 길 필요는 없다.

• 트위터 : 140자의 글자 수 제한을 두고 있다. 짧게 써야 하다 보니 꼭 필요한 말만 쓸 수 있다는 장점이 있다.

❷ 페이스북, 블로그, 포스트, 브런치

페이스북, 블로그, 포스트, 브런치는 사람들이 저마다의 이유로 찾아오는 공간이다. 그만큼 주제도 다양하다. 유익한 콘텐츠는 자신의 피드로 공유해가기도 한다. 또한 구독자 기능이 활성화돼 있어 많은 사람과 소통하는 데 비교적 수월하다.

- 페이스북 : 이용자가 많다. 콘텐츠 소비 시간이 이 중 가장 짧은 편이며, 독자도 가장 빨리 형성할 수 있다. 글이나 사진, 영상 등 다양한 매체를 올릴 수 있는 만큼 자신의 정체성을 확고하게 정립해두지 않으면 수많은 콘텐츠 더미에서 살아남기 어렵다.
- 블로그 : 보통 검색을 통해 유입된다. 뉴스, 스포츠, 웹툰, 책 등 분야는 셀 수 없이 많다. 이렇게 다양한 분야 중 원하는 정보가 있으면 클릭한다. 검색을 통해 '나'의 콘텐츠를 만나게 되는 만큼 정보에 대한 신뢰도를 높이기 위해 보다 완성도 높은 콘텐츠를 선보이는 것이 좋다.
- 포스트 : 모바일에 최적화된 포스트는 독자가 선호하는 카드뉴스 형태로 된 콘텐츠로 대부분 제작되고 있다. 이미지와 짧은 글을 활용해 핵심 내용만 전달한다.
- 브런치 : 포스트와 마찬가지로 모바일에 최적화돼 있지만, 줄글의 형태로 된 콘텐츠를 지향한다.

❸ 유튜브

유튜브는 영상 콘텐츠에 최적화된 플랫폼이며, 가장 눈에 띄게 성장하고 있다. 이들은 첫 메인 화면에서 사용자의 취향을 고려한 맞춤형 콘텐츠를 제공하고, PC나 모바일에서 로그인 없이 이용할 수 있어 접근성 또한 뛰어나다. 게다가 조회수에 따라 수입을 창출해낼 수 있다는 점에서 영상을 다루는 크리에이터에게는 매력적인 플랫폼이다. 자신의 분야에 맞게 독자층을 고려한 영상 길이나 제작 방식을 정하는 것을 추천한다.

❷ 사람들은 왜 그곳에 모일까
특정 분야가 밀집돼 있는 플랫폼

네이버나 페이스북에 접속했는데 빈 페이지만 나온다면 어떨까요? 인터넷이 끊긴 건 아닌지 랜선도 살펴보고, 본체도 쿵쿵 두들겨보겠죠. 콘텐츠는 플랫폼을 구성하는 가장 중요한 요소니까요. 사람들은 콘텐츠가 많은 곳에 모이기 마련입니다. 벚꽃놀이를 하려고 벚꽃이 많은 곳으로 가는 것처럼 말이죠.

처음 콘텐츠를 시작하는 사람이라면, 콘텐츠가 이미 많은 플랫폼에서 연재를 시작하는 것은 위험하다고 생각하기 쉽습니다. 모두가 경쟁 상대이기 때문에 자신의 콘텐츠를 보지 않을 확률이 높다고 생각하는 거죠. 그런 이유로 이용자가 적거나 이제 막 새로 생긴 플랫폼에서 시작해야 왠지 어느 한 분야를 선점할 수 있을 거라 착각합니다. 하지만 앞서 말했듯 사람들이 모이는 곳에는 이유가 있죠. 볼거리가 많으니까요. 아무것도 없는 곳에 '내' 콘텐츠만 있다고 해도 볼거리가 많지 않으면 사람들이 제 발로 찾아오지 않을 겁니다.

조회수의 증가가 콘텐츠의 궁극적인 목표는 아니지만, 많은 사람이 봐주면 기분도 좋고 계속 콘텐츠를 만들고 싶은 마음이 생기겠죠. 그렇다면 방법은 간단합니다. 자신이 연재하고자 하는 분야에 관심 있는 독자가 많은 플랫폼에서 콘텐츠를 올리는 거예요. 특정 분야의 독자가 많은 플랫폼에 크리에이터가 찾아가면 훨씬 더 빠르게 독자와 만날 수 있으니까요.

최근 〈김생민의 영수증〉이라는 동명의 팟캐스트와 TV 프로그램을 통해 개그맨이자 리포터인 김생민이 새롭게 주목받으면서, 그의 팬카페 또한 사람들로 북적북적해졌습니다. 카페 이름도 기존의 밋밋했던 '방송인 김생민 팬카페'에서 '통장요정 김생민 팬카페'로 바뀌었죠. 카페가 개설된 지 몇 달밖에 되지 않았지만 회원 수는 벌써 2만 3,000여 명에 이릅니다.

제목	작성자	작성일	조회	좋아요
15645	쓰지는 않고 감상으로 두자니 아깝고! 💸 [3] 🔟	0원지출	11:28	33	0
15644	컴퓨터 오래되고 낡아서 노트북으로 새로 샀는데ㅠㅠ 💸 [1] 🔟	🔋 아나바다운동	11:27	14	1
15643	Q. 헬스장 관련 질문드립니다. [1] 🔟	🏃 미니멀그레잇	11:27	13	0
15642	발아픈 비싼 구두들 어떡할까요? [8] 🔟	🐷 초코칩sh	11:19	51	0
15641	스벅 기프티콘이 있는데 커피마시러 갈까요 말까요....고민중... [10] 🔟	통장요정바라기	11:12	64	0
15640	비보 5회 듣는데 웃겨요 ㅍ*******[7] 🔟	🕺 십년전김숙	11:01	91	1
15639	냉파중입니다~♡ 💸 [7] 🔟	여우와곰돌이	10:59	72	2
15638	스벅 보고쿠폰 [9] 🔟	🏔 말초신경부여잡고적금	10:50	96	0
15637	하루 3만원 살기 도전 [3] 🔟	살과통장잔고는반비례	10:48	79	2
15636	지난달 결혼한 신혼부부 저축, 지출 절약 팁 알려주세요! 💸 [3] 🔟	😈 WHEN아이WASYOUNG	10:43	121	0
15635	연말정산용 연금저축 그랬잇일까요? [3] 🔟	🐌 안먹으면영말로리	10:41	49	0
15634	안녕하세요~ [1] 🔟	😼 어쩌자는거죠스튜핏	10:10	12	2
15633	단위농협 이자소득세~ [3] 🔟	지덕체를겸비하자	10:09	86	0
15632	집사논문의요 [4] 🔟	적자다 스튜핏	10:05	119	0

　　팬카페 회원들이 이곳에서 나누는 이야기는 다른 팬카페와 사뭇 다릅니다. 주로 자신의 소비패턴과 항목을 공개하고 다른 사람들과 의견을 나누거든요. 방송을 보고 적금통장을 세 개나 만들었다는 사람들의 글을 보면서 자극받기도 합니다. 어쩐지 김생민 팬카페에는 김생민을 보러 오는 사람보다 다른 사람의 소비 패턴을 보러 오는 사람이 많은 것처럼 보이지 않나요? 아마 회원 중에는 방송인 김생민의 팬이라서라기보다는 자신의 소비를 개선하고 싶어 가입한 사람도 있을 거예요. 그곳에는 절약이나 저축과 관련해서 자신이 보고 싶어 하는 이야깃거리로 넘치니까요.

　　이렇듯 사람들은 자신이 관심 있어 하는 분야가 밀집된 곳으로 알아서 찾아가기 마련입니다. 그럼에도 경쟁 콘텐츠가 많아 걱정이라고요? 여러분의 콘텐츠가 빛날 수 있도록 방법을 알려드리겠습니다.

❶ 카테고리 정하기

자신의 분야를 가장 확실하게 전달할 수 있는 플랫폼에서 업로드할 콘텐츠와 적합한 카테고리를 찾아야 한다. 카테고리가 명확하면 전달하려는 메시지도 더욱 구체화되기 때문이다. 또한 카테고리 내에 자신의 콘텐츠와 비슷한 유형의 이야기가 얼마나 있는지, 어떻게 제작되고 있는지 확인해야 한다. 많이 보고, 비교하면서 고민해보길 바란다.

❷ 유형 파악하기

가수는 노래를 부르며 자신의 실력을 드러내고, 작가는 글로 사람들에게 메시지를 전한다. 가수의 실력을 가장 잘 전달하려면 노래를 불러야 하고 작가의 필력은 글을 통해 전달해야 한다.

대부분의 플랫폼은 그 중 특성화된 콘텐츠 유형이 밀집돼 있다. 유튜브는 영상으로 전달하고, 브런치는 글로 전달하는 것처럼 말이다. 콘텐츠에서 전하고 싶은 메시지만 잘 드러난다면 형태는 어떤 것이든 상관 없다. 다만 무작정 "요즘은 유튜브가 뜨고 있으니 영상 콘텐츠를 제작해야겠다"는 의지는 얼마 가지 않아 후회로 바뀔 수 있다. 자신의 콘텐츠 유형을 정확히 파악하고 가장 어울리는 방법을 찾길 바란다.

❸ 다른 점 찾기

모두가 "콘텐츠, 이렇게 만들어라!"라고 말할 때 여러분은 "아니오!"라고 말할 수 있어야 한다. 한 가지 예시를 살펴보자.

추석 때만 되면 많은 기업들이 '추석 선물 세트'를 광고한다. 대개 이런 광고는 비슷비슷하다. 부모님에게 선물 세트를 드리면 함박웃음을 짓고, 온 가족이 둘러앉아 행복하게 이야기를 나누는 모습으로 끝을 맺는다. 이런 뻔한 광고들 사이에서 '배스킨라빈스 31'의 광고는 특별했다.

임금님이 행차를 멈추고 배스킨라빈스에 들어가 "아이스 모나카 세트 하나 내오거라"를 외친다. 이 장면 봐도 얼마나 다른지를 알 수 있다. 컨셉과 홍보가 적절히 결합된 광고이기 때문에 특별해 보이기까지 한다.

다른 콘텐츠와 내 콘텐츠가 얼마나 다른지를 스스로 체크해보자. 다를수록 독자의 눈에 더 띌 수 있다.

플랫폼에 맞는 이야기를 전달하되, 이야기의 전개 방식이나 형태는 자유입니다. 항간에 떠도는 'SNS 필승 전략 법칙'에 "콘텐츠 제작은 레고로 해야 디테일한 표현이 가능하다"는 말이 있었다면 오늘날의 사원 나부랭이는 있을 수 없었겠죠.

어느 성공한 사업가는 인터뷰에서 "사업을 시작할 때 남들이 하지 말라는 건 무조건 해야 한다"고 강조했습니다. 다수가 선택하는 방식이 아닌 나만의 길을 떠난다고 해서 불안해하거나 외로울 필요가 없다는 의미이기도 하죠. 콘텐츠를 제작하는 과정을 통해 언젠가 자신이 누구인지 당당하게 설명할 수 있는 날이 분명 찾아올 겁니다.

15

되감기

• • • • • • • •

모든 작업물은 항상 결과가 나온 후에 흠이 보입니다. 작업을 할 때는 보이지 않았던 오타도, 매끄럽게 읽혔던 글도 독자에게 보여주고 나면 꼭 한두 군데씩 부족한 부분이 튀어나오더라고요. 완벽한 모습을 보여주고 싶었던 마음과는 달리 부족한 모습에 김이 빠지곤 합니다.

　이런 경우도 있었죠. 나는 음주가무를 즐기기 전엔 항상 딸기 우유를 마시는 버릇이 있습니다. 딸기 우유가 위장을 보호해줘서 술의 흡수를 막아 덜 취하게 만들어주거든요. 마침 클라이언트와의 회식을 소재로 콘텐츠를 만들려고 할 때 이 딸기 우유가 생각났죠. 그리고 아무런 의심도 없이 딸기 우유 멘트를 이야기에 집어넣었습니다. 내 콘텐츠를 읽는 독자들 역시 나와 비슷한 연령대가 가장 많기 때문에 따로 설명하지 않아도 이해할 거라 생각했거든요.

　그런데 댓글의 반응은 예상과 달랐습니다. "클라이언트를 만나는데 왜 딸기 우유를 먹느냐"고 묻는 독자가 대부분이었기 때문이죠.

　이런 자잘한 일이 있고 나서 콘텐츠를 올리기 직전부터 올리고 30분 정도 뒤까지는 콘텐츠를 수없이 다시 읽어보는 습관이 생겼습니다. 읽는 데 방해되는 요소나 어색한 문맥은 없는지 손가락으로 하나하나 짚어보며 확인하는 작업을 거치는 거죠.

　모두가 알 것 같은 내용이어도 그것은 콘텐츠 크리에이터의 추측에 불과합니다. 계속 보고 또 보면서 독자가 읽을 때 어려움이 없을지 꼭 점검해봐야 돼요. 이것이 일명 '되감기' 작업입니다.

✅ 한 번 더 읽고 올려라
올리기 전 확인해야 할 3가지

콘텐츠를 올리기 전에 다시 한 번 읽어보세요. 크리에이터 입장에서만 콘텐츠를 이해하기보다 독자에게 잘 읽히는 글, 보기 쉬운 사진, 적절한 분량인지 꼼꼼히 살펴본 뒤 올려야만 비로소 누구나 만족할 수 있는 콘텐츠가 될 수 있으니까요. 이 세 가지만 한 번 더 확인해보길 바랍니다.

첫째, 글이 '자연스럽게' 읽히는지 확인해보세요. 글은 모든 콘텐츠의 기본입니다. 화려한 이미지나 영상미를 뽐내는 콘텐츠라도 글이 뒤죽박죽이면 보기 힘들어집니다. 잘 읽히는 글을 쓰려면 아래 세 가지를 살펴보세요.

❶ 콘텐츠 안에 'Noise' 요소가 없는지 확인하자.

· 크리에이터 → TEXT → Correct Message → 독자
· 크리에이터 → TEXT → Noise → Wrong Message → 독자

여기서 'Noise'란 글의 방해요소로 작용하는 것들을 의미한다. 만약 글씨색이 배경색과 비슷해 눈에 잘 들어오지 않거나, 인과관계가 전혀 없는 두 문장이 나열돼 있다면 독자는 이해하기 어려울 것이다. 그럴 때는 글씨색을 배경색과 구분하되 눈에 잘 보이도록 설정하고, 문장과 문장 사이가 어색하지 않은지 다시 읽어봐야 한다.

❷ 맥락을 읽을 수 있게 단서를 던져 주자.

"어서오세요. 주문 도와드릴까요? 음… 저기요?"

한 문장이지만 모든 상황이 머릿속에 그려진다. 하지만 여기서 좀 더 자연스러운 흐름으로 바꾸면 상대방과 대화하는 장면으로 훨씬 와닿게 된다. 이럴 때는 잠시 쉬어가는 방법을 사용하자.

"어서오세요. 주문 도와드릴까요?"

"…"

"음… 저기요?"

대화 중간에 말줄임표가 삽입됐다. 앞의 예시보다 순간의 적막감. 그리고 주문을 받으려고 하는데 상대방이 대답하지 않고 있는 상황이 머릿속에 더 잘 그려진다. 상황 전달도 보다 자연스러워졌다.

❸ 콘텐츠를 제작할 때는 독자가 글을 읽는 순서를 정하자.

글의 순서가 뒤죽박죽이면 전하고 싶은 내용을 제대로 전하지 못한다. 특히 카드형 콘텐츠를 만들 때는 이 부분에 각별히 신경 써야 한다. 장과 장 사이의 흐름이 이어지도록 내용을 구성하려면, 먼저 각 장별로 종이에 직접 써보는 것을 추천한다. 제작하기 전 직접 써보면 문맥이나 맞춤법도 조금 더 올바르게 쓸 수 있다.

둘째, 사진의 대상이 '명확히' 보이는지 확인해보세요. 사진을 찍었는데 무엇을 보여주는지 알 수 없다면 그것은 사진을 잘못 찍은 것이나 마찬가지입니다. 혹시나 독자가 봤을 때 신경 쓰이는 요소가 있다면 보정을 하는 것도 한 가지 방법이에요. 하지만 그전에 사진 촬영 단계에서 두 가지만 고려해보세요.

❶ 촬영 단계부터 글의 위치를 고려하자.

으으으….

이 이미지는 멘트의 위치를 고려해 피사체를 오른쪽에 배치했다. 왼쪽 또는 오른쪽 배치는 크리에이터의 재량으로 정하되, 한 번 배치하면 위치나 바라보는 시선의 방향은 다음 장에서도 일치해야 한다. 첫 번째 장면에선 왼쪽에 서 있던 피사체가 갑자기 다음 장면에서 오른쪽으로 가 있다면 독자에게 혼란을 줄 수 있기 때문이다.

❷ 하나의 장면을 여러 각도에서 많이 촬영하자.

만약 두 인물 중 한 명에게 초점을 맞추고 싶었는데, 촬영 후에 확대해보니 사진이 흔들렸다거나 초점이 맞지 않으면 다시 배치해 촬영해야 하는 불편함을 겪게 된다. 또한 머릿속으로 생각했던 장면과 실제 촬영한 결과물이 다를 수도 있고, 카메라 화면에서 보는 화질 역시 모니터에서 보이는 것과 다소 차이가 있기 때문에 여러 장이 있을수록 제작에 도움이 된다.

셋째, 보기에 '적절한' 분량인지 확인해보세요. 네이버 포스트 20PICK 에디터를 하고 있을 때, 담당 매니저가 "분량이 많다"는 피드백을 준 적이 있어요. 덧붙여, "한 편의 분량은 카드뉴스로 최대 30장을 넘기지 않는 게 좋다"며 말했죠. 보통 한 회당 긴 분량의 웹툰을 보면 사람들은 일명 '분량 깡패'라며 치켜세우는 데 비해, 네이버 포스트는 분량이 길어질수록 끝까지 보지도 않고 나가버릴 가능성이 높기 때문입니다. 즉, 플랫폼마다 적합한 분량을 독자에게 보여주는 것이 더 효과적일 수 있겠죠.

❶ 콘텐츠를 보는 데 투자해야 될 시간을 미리 알려줘라.

우리 주변에서 흔히 볼 수 있는 3분 카레, 2주 다이어트, 1시간 공부법 등은 모두 고객에게 "이 정도의 시간만 투자하면 된다"고 미리 알려주는 동시에 소요되는 시간 자체를 어필하고 있다. 또한 숫자는 독자에게 확신을 줄 때도 요긴하게 쓰인다.

❷ 무조건 짧다고 좋은 것은 아니다.

〈비디오머그〉에서는 99초 리뷰 영상으로 독자의 시선을 사로잡는다. 영상 상단에 99초 카운트다운이 되고 있어 긴장감을 더하고, 시간이 다 되면 진행자가 말을 하든 말든 가차 없이 영상이 끝나버린다. 아예 콘텐츠 하나당 소요되는 시간을 콘텐츠의 이름에 포함시키는 경우도 있다. 〈1boon〉은 플랫폼 이름 안에 시간(분량)을 넣어, 사람들이 짧은 시간 동안 많은 콘텐츠를 즐길 수 있도록 유도한다. 반대로 〈deepr〉는 좀 더 오랜 시간을 투자해 하나의 주제를 심도 있게 파고든다.

분량은 콘텐츠 플랫폼과 전하려는 주제에 따라 결정되므로 정답은 없다. 다만 아무리 긴 글이라도 읽고 싶어 하는 글이라면 끝까지 보게 된다는 사실을 잊지 말자.

✅ 꺼진 불도 다시 보자
실수를 바로잡는 법

이렇게 꼼꼼하게 확인하며 올렸어도 시간이 지나서 다시 보면 부족한 점이 하나둘씩 보일 때가 있습니다. 나는 보통 사진 보정이 제대로 이뤄지지 않은 적이 많았어요. 사진 구석이나 인물 주변에 미처 지우지 못한 그림자 부분이 있거나, 다른 장면에 똑같은 말이 두 번 나타난 적도 있죠.

콘텐츠에 실수를 하는 것도 '나', 실수를 보완하는 것도 '나'입니다. 콘텐츠를 올린 이후에도 꼭 콘텐츠를 다시 보며 피드백해보세요. 가장 좋은 방법은 부족한 점을 스스로 찾아내는 겁니다. 찾아낸 피드백은 곧 실행으로 연결되고, 실행의 결과는 크리에이터의 성과가 될 거예요.

어느 날 직접 만든 콘텐츠를 보여주고 싶은 마음에 엄마에게 스마트폰을 내민 적이 있었습니다. 그리고 3초 후, 엄마는 이런 말을 하셨죠.

"아이고, 안 보여!"

글씨가 너무 작아서 보이지가 않는다는 충격적인 말씀이었습니다. 그

전까진 전혀 몰랐던 사실이었죠. 그 말을 듣고 보니 글씨는 너무 작고, 글자끼리도 지나치게 다닥다닥 붙어 있는 게 보였습니다. 그동안 독자들이 내 콘텐츠를 보느라 얼마나 미간을 찌푸려야 했을지 상상하니 도저히 가만히 있을 수가 없어 얼른 실수를 바로잡아야겠다고 생각했습니다. 그 다음부터는 읽기 좋게 자간도 늘리고, 가독성이 좋은 서체로 변경하고, 글씨 크기도 더 크게 키워 제작했죠. 약간의 변화만 주었을 뿐이지만, 화면 크기가 작은 모바일 기기에서도 잘 보이게 됐습니다.

사람은 실수를 하면서 배워가기 때문에 잘못한 점을 발견했다 하더라도 너무 창피해할 필요는 없습니다. 그리고 우리에겐 다음 기회가 있어요. 하나하나 실수한 부분을 고쳐나가다 보면 눈에 띄게 성장한 자신의 모습을 볼 수 있을 거예요.

지금 당장은 완벽해보여도 언젠가는 실수투성이인 콘텐츠 중 하나가 될 수 있습니다. 꾸준히 오래 봐야 콘텐츠에서 고쳐야 할 점이 보이거든요. 자신의 콘텐츠를 올린 후에도, 콘텐츠를 올린 지 한참이 지났더라도 읽고 또 읽으세요. "꺼진 불도 다시 보자"는 말이 괜히 있겠습니까. 실수한 것을 바로잡는 것만으로도 좋은 콘텐츠를 만들 수 있습니다.

✅ 귀중한 흑역사
과거와 현재를 꾸준히 비교해보기

누구에게나 흑역사는 있습니다. 벌써 3년이 된 1화 에피소드가 내겐 흑역사나 마찬가지죠. 보기도 전에 벌써 창피해지거든요. 무슨 생각으로 연재한 건지 모를 정도로 부족한 면이 너무나도 많았지만, 그렇다고 1화를 삭제하거나 수정하지는 않았습니다. 귀중한 자료이기 때문이죠.

1화와 100화를 서로 비교만 해도 이전 콘텐츠의 문제점을 알 수 있습니다. 분량, 맞춤법, 저작권 준수 여부, 촬영 기법, 화면 구성 등 콘텐츠의 많은 부분에서 확연하게 차이가 보이거든요. 비교를 통해 찾은 문제점들은 다음 콘텐츠에서 보완할 수 있게 되죠. 또한 각 이야기별로 연재한 날짜가 남기 때문에 '얼마나 꾸준히 했는지'와 '정기적으로 했는지'까지도 독자에게 보여줄 수 있습니다.

흑역사도 쌓이면 힘이 됩니다. 오래된 콘텐츠를 내팽개치거나 삭제하지 말고, 지속적으로 발전할 수 있는 방법을 찾는 용도로 활용해보세요. 과거에 연재했던 이야기에선 무엇이 부족했는지, 현재는 어떤 모습으로 변했는지 계속해서 비교하는 것만으로도 발전해나갈 수 있을 테니까요. 그렇게 잘 보완된 콘텐츠는 독자의 편의로도 이어질 겁니다.

무엇보다 소중하게 기록된 자신만의 콘텐츠인 만큼 함부로 수정하지는 마세요. 기록을 수정하는 순간부터 자꾸 다듬고 싶어지거든요. 그렇게 되면 처음 만들었던 콘텐츠와 전혀 다른 결과물이 나올지도 모릅니다. 그때 당시의 순수한 마음까지도 온데간데없어질 수도 있고요. 수정하는 작업은 어디까지나 독자가 이해하기 어렵거나 맞춤법이 틀렸다거나 하는 소소한 부분만 적용해야지, 전체 내용을 건들기 시작하면 그 순간 여러분의 온라인 기록은 훼손됩니다. 이것은 곧 크리에이터와 독자의 신뢰를 깨트리는 것과 같아요.

노스웨스턴대학교의 닐로즈 교수는 '사후가정사고' 연구를 통해 '한 행동에 대한 후회'와 '하지 않은 행동에 대한 후회'를 나눠 비교분석한 적이 있습니다. 그 결과, 자신이 한 행동에 대한 후회는 후회의 시간이 짧고, 후회한 이후에 더욱 건강해졌다고 합니다. 반면 하지 않은 행동에 대한 후회는 오래 지속돼 자신을 더 힘들게 만든다는 의외의 결과가 나왔죠. "할까, 하지 말까 할 때는 해라"라는 유명한 말은 이미 연구로 밝혀진 훌륭한 명언인 셈입니다. 이처럼 콘텐츠가 많이 쌓여갈수록 스스로 부끄럽게 여겨지는 것들도 많아질 테지만, 흑역사가 된 콘텐츠가 조금 창피할지언정 후회는 아마 없을 겁니다.

16

피드백

· · · · · · · ·

몇 년 전 MBC 라디오에 〈조영남, 최유라의 지금은 라디오 시대〉라는 프로그램이 있었습니다. 특히 '청취자와 함께하는 방송'이라는 타이틀로 편지 쓰기, 사랑의 체험수기 등 재미있는 코너를 진행하며 청취자와 함께 만드는 라디오로 큰 사랑을 받았죠. 최유라 씨의 진행 스타일도 인기에 한몫했습니다. 그녀의 '맞장구' 덕분이죠. 사연에 귀 기울이는 모습을 통해 얼굴이 보이지 않는 청취자와 거리를 좁히는 데 도움을 줬습니다. "어머" 하고 같이 놀라거나 "정말요?" 하며 쉬지 않고 맞장구를 쳐주며, 이야기의 진행을 매끄럽게 이어지게 했죠.

콘텐츠 크리에이터도 독자와 소통해야 더욱 사랑받을 수 있습니다. 처음 만난 상대라도 계속 이야기를 주고받다 보면 어느덧 친밀한 사이가 되기도 합니다. 독자와 소통하고, 생각이 다르더라도 그들의 의견을 존중하세요. 그러면 독자도 가깝게 다가올 겁니다.

우리는 모든 생활을 인터넷으로 해결하고 있습니다. 일도 하고, 놀기도 하고, 쇼핑도 하고, 무수히 쏟아지는 콘텐츠도 매일매일 보죠. 이런 시각으로 본다면 꼭 크리에이터가 아니더라도 일반 독자도 이미 콘텐츠 전문가인 셈입니다. 비록 콘텐츠에 대해 잘 알지 못해도 재미있는 콘텐츠와 재미없는 콘텐츠를 한눈에 구별해낼 수 있거든요. 또한 뭔가 문제가 있다고 판단되면 댓글로 피드백을 주기도 하고요. 물론 독자의 의견이 가끔 주관적일 때도 있지만, 크리에이터가 생각하지 못했던 면을 알려주기도 해서 도움이 될 때가 더 많을 겁니다.

✅ 독자는 거짓말하지 않는다
피드백 수용하기

네이버 포스트 20PICK 에디터로 활동하면서 독자들의 관심도 부쩍 높아졌습니다. 회사에 있는 내내 스마트폰에선 댓글이 달렸다는 알림이 계속 울렸습니다. 그때마다 하던 일도 멈추고 일일이 고맙다는 답글을 달았죠. 여느 때처럼 답글을 달아주고 있던 중 한 독자의 댓글을 보게 됐습니다.

"사원이 근무 시간에 댓글도 다네."

그 댓글을 읽는 순간 온몸이 후끈 달아오르면서 귀가 빨개졌습니다.

당황하게 되면 심장이 얼마나 빨리 뛸 수 있는지 알 수 있을 정도였어요. 처음으로 부정적인 댓글을 본 탓에 욕 한마디 없었음에도 나는 감정이 무척 상했습니다. 이후에는 이런 댓글도 달렸죠.

"이런 거 만들 시간에 일이나 더 해."
"이건 도대체 무슨 내용이지? 하고 싶은 말이 뭐냐?"
"재미없네."

분했습니다. '그렇게 잘하면 네가 해보라'며 혼자서 화를 삭이곤 했죠. 옆에서 동료 인턴이 "무슨 일 있느냐"고 물어봤다가 함께 치킨 뜯으러 간 적도 있고요. 답답한 마음에 회사 대표님에게 고충을 털어놓았더니, 한참 이야기를 듣던 대표님은 이렇게 대답했습니다.

"그럴 땐 그냥 인정하는 게 최고야."

처음엔 '왜 내가 인정을 해야 하는 거지?' 라는 생각이 들었죠. 하지만 다시 한번 그들의 댓글을 곱씹어보니 모두 맞는 말이었다는 걸 깨닫게 됐습니다. 근무 시간에 일은 안 하고 댓글 다는 모습을 독자 입장에서 보면 분명 '딴짓'이었고, "무슨 내용인지 모르겠다", "재미없다"라고 말한 콘텐츠를 찬찬히 살펴보니 정말로 부족한 점이 많이 있었으니까요. 그 사실을 깨닫고는 서둘러 그들에게 답글을 달기 시작했습니다.

"네, 아직 부족한 게 많습니다. 처음이라 그래요. 그래도 지켜봐주세요. 당장은 재미없고, 어리바리해 보이겠지만 한 주 한 주 거치면서 멋지게 크는 모습을 기대해주세요."

용기 내어 답글을 단 며칠 뒤, 그들에게서 의외의 답글을 받았습니다. 오히려 자기가 감정에 치우쳐 댓글 단 것이 미안하다는 내용이었죠. 더불어 앞으로도 꾸준히 내 콘텐츠를 보겠다는 등의 덕담도 해줬습니다.

물론 비판과 비난은 다릅니다. 비판은 잘못된 것을 바로잡도록 지적하는 거지만, 비난은 잘못이나 결정을 책잡아서 나쁘게 말하는 거니까요. 또한 비판은 일관되게 자신의 소신을 밝히지만, 비난은 남의 잘못을 들추는 데 더 집중하죠. 앞으로 여러분의 콘텐츠를 본 독자들에게서 다양한 의견을 받게 될 겁니다. 그 중 특히 부정적으로 달린 댓글은 비판인지 비난인지 구분하는 안목을 키우세요. 비판은 겸허하게 수용하되, 비난은 피하는 게 상책이니까요.

✅ 피드백은 무조건 옳을까
받아들일 것과 거절할 것

독자가 "콘텐츠의 어떤 부분을 개선하길 바란다"고 요구한다면 어떤 반응을 보이겠습니까? 처음에는 독자의 의견이라면 무조건 받아들이는 게 옳다고 생각했지만 지금은 그렇지 않습니다. 크리에이터에게는 고집을 부려야 하는 것과 수용해야 하는 것이 함께 존재하니까요. 먼저 고집을 부려야 할 세 가지를 살펴봅시다.

❶ 메시지

전하고자 하는 메시지는 일관되게 유지해야 한다. 이야기의 주제가 명확할수록 신뢰를 느끼기 때문이다. 하지만 독자는 당신의 콘텐츠를 딱 한 편만 보고 주제를 파악하기란 쉽지 않다.

이야기의 주제를 명확하게 드러낼 수 있으려면 많은 양의 콘텐츠가 필요하다. 또한 메시지는 솔직 담백하게 전달하는 편이 더 효과적이다.

A. 사면 무조건 대박 나는 주식 투자 기법

B. 적어도 손해는 안 보는 주식 투자 기법

이 두 개의 문구 모두 '주식 투자'에 관한 책 제목이라고 가정해보자. 독자는 어떤 책에 더 손이 갈까?

무조건 대박이 나면 좋겠지만, 대부분 A와 같은 책 제목은 과장이 많다. 하지만 B는 정확한 수익률을 약속할 수 없지만, 독자가 느끼는 일말의 불안을 잘 파악해서 안심할 수 있도록 '적어도 손해는 보지 않게 해준다'는 메시지를 독자에게 건네고 있다. 이처럼 독자에게 전하고자 하는 메시지나 주제는 꾸준히 유지하면서 의미는 제대로 전달해야 한다.

❷ 목표 개수

목표 개수를 채우길 추천한다. 여기서 목표 개수란 자신이 절대적으로 채워야 할 콘텐츠의 개수를 뜻한다. 물론 단기간에 달성할 수 없는 개수여야 한다.

될 수 있다면 100개 연재를 목표로 삼길 바란다. 100개는 어떤 한 분야에 자리를 차지하기 위한 절대량이다. 한 분야에서 그 정도의 양을 채우지 못한다면 다른 분야에서도 포기할 가능성이 크다. 또한 콘텐츠를 잘 만들고 싶다면 많이 만들어봐야 한다. 우선 100개라는 구체적인 목표로 시작해보자.

❸ 설정한 독자

독자를 설정하면 콘텐츠의 개성을 더욱 뚜렷하게 만들 수 있다. 반면 독자 설정이 없다면 아무리 컨셉이 명확해도 정체성이 쉽게 흔들릴 수 있다. 전달하는 메시지 또한 힘을 잃게 될 것이다.

클라이언트와 콘텐츠 제작에 대해 회의를 한 적이 있다. 그의 설명을 들어보니, 독자에게 소개하고 싶은 내용이 무척 광범위했다. 그의 말이 끝나고 나는 한 가지 질문을 던졌다.

"어떤 독자가 읽기를 원하세요?"

클라이언트는 개발자와 대학생 모두가 읽기를 바랐다. 과연 전국의 개발자와 대학생을 모두 만족시킬 수 있는 콘텐츠가 존재할까? 곧바로 독자 설정을 해야 하는 이유에 대해 설명을 했다. 다음 날 그들은 이렇게 말했다.

"저희가 개발한 모듈을 사용해 사업에 도전하는 개발자를 독자로 설정하겠습니다."

이처럼 독자는 구체적으로 설정해야 한다. 그리고 한 번 설정한 독자는 되도록 바꾸지 않을 것을 권한다. 만약 독자 설정을 바꾼다면 콘텐츠의 컨셉과 메시지 등 모든 것이 바뀔 수밖에 없기 때문이다.

크리에이터로서 고집을 부려야 할 세 가지는 사실 앞에서도 여러 번 강조한 이야기죠. 너무나 중요한 이야기이기 때문에 한눈에 볼 수 있도록 정리했습니다. 그럼 반대로 수용해야 할 독자의 의견에는 무엇이 있을까요?

❶ 연재 방식

"이야기는 너무 재밌는데, 전개 방식이 항상 비슷한 것 같아요. 조금 색다르게 해도 되지 않을까요?"

한 독자가 남긴 댓글이다. 이후 질리도록 쓰던 기법은 없애고, 다른 기승전결 방식에 대해 고민하기 시작했다. 독자의 이러한 피드백이 없었다면 여전히 예전의 연재 방식을 고집했을지도 모른다.

독자가 개선을 위한 의견을 제시했을 때는 적극적으로 수용하길 바란다. 다만 그 의견이 다른 독자도 동의할 수 있는 것인지부터 고민해야 한다. 갑자기 연재 방식을 확 바꿔버리면 낯설어 할 수도 있기 때문이다. 그리고 받아들인 의견을 활용해 어떻게 콘텐츠를 더욱 풍부하게 만들 수 있는지도 확인해야 한다.

❷ 분량

혹시 분량이 너무 길거나 또는 짧다는 의견을 듣게 된다면 기승전결을 확인해보자. 분량이 긴 경우는 이야기의 인물, 사건, 배경에 관한 설명이 장황해서일 수 있다. 반대로 분량이 짧은 경우에는 지나치게 이야기를 편집했을 수도 있다. 문장과 문장 사이, 장면과 장면 사이의 흐름이 매끄러운지 다시 한번 확인해보자.

❸ 소재

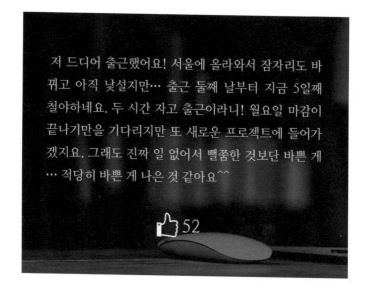

저 드디어 출근했어요! 서울에 올라와서 잠자리도 바뀌고 아직 낯설지만… 출근 둘째 날부터 지금 5일째 철야하네요. 두 시간 자고 출근이라니! 월요일 마감이 끝나기만을 기다리지만 또 새로운 프로젝트에 들어가겠지요. 그래도 진짜 일 없어서 뻘쭘한 것보단 바쁜 게 … 적당히 바쁜 게 나은 것 같아요^^

👍52

독자가 크리에이터에게 소재를 제시하는 경우도 있다. 크리에이터의 숙제이기도 한 소재 찾기를 독자가 대신 해준다면 진심으로 고마운 일이다.

내 콘텐츠에는 유독 자신의 이야기 같다며 공감하는 독자가 많아서 한 편 한 편 연재를 할 때마다 자신들의 이야기를 쏟아내는 경우가 잦다. 댓글 창에서 독자들끼리 콘텐츠를 만들어내는 셈이다. 그래서 독자들이 남겨준 댓글을 묶어 콘텐츠로 소개하고 싶다는 생각이 들었다. 사람들의 응원을 가장 많이 받은 댓글들을 골라 독자의 동의를 구한 뒤 38화 에피소드로 연재했다. 이와 같이 독자의 댓글 하나하나가 콘텐츠의 또 다른 소재가 될 수 있다는 사실을 기억하자.

고집 부려야 할 3가지	수용해야 할 3가지
1. 메시지 2. 목표 개수 3. 설정한 독자	1. 연재 방식 2. 분량 3. 소재

크리에이터는 독자와 끊임없이 소통하면서 자기만의 정체성을 확고하게 다져나갑니다. 그 과정에서 자신이 결정한 것이 옳은 건지 꾸준히 고민하고 또 확인해야 해요. 결국 콘텐츠는 크리에이터가 만들고, 독자가 완성하는 겁니다.

독자들의 피드백을 실천에 옮기는 과정은 사실 쉽지만은 않습니다. 반영이 불가능할 정도의 자극적인 의견에 당황스럽기도 하고, 피드백을 받아들이는 순간 크리에이터 고유의 개성이 사라질 수도 있기 때문이죠. 그러나 독자의 피드백은 필요할 수밖에 없습니다. 객관적으로 콘텐츠를 봐주는 소중한 사람이니까요.

확신이 서지 않는 문제라면 오히려 독자에게 먼저 질문해보는 것도 좋은 방법이 될 수 있습니다. 여기서 독자는 꼭 온라인에서 만날 수 있는 사람만을 뜻하지는 않아요. 동료 콘텐츠 제작자, 친구, 회사 동료, 가족 등 주변에 있는 사람들 모두가 훌륭한 독자거든요. 그들 모두가 피드백을 해줄 겁니다. 독자와 활발하게 교류하면서 크리에이터로서의 경쟁력을 키워보세요.

Chapter 7

스팸과 홍보는 한끗 차이다

#콘텐츠를_지키는_홍보법

17

홍보

· · · · · · · ·

"출퇴근만 했는데도 연봉 500만 원이 올랐어요!"라는 카피 기억나세요? 바로 카풀 앱 '풀러스'의 광고 카피입니다. 풀러스는 직장인이 가장 예민 해하는 월급을 이용해 그들의 마음을 훅 건드렸죠. 보는 사람들로 하여 금 저절로 '이게 뭐지?' 하는 호기심이 생기도록 말입니다.

카풀 서비스는 출퇴근 시간에만 운영되고 있습니다. 직장인을 핵심타 깃으로 선정했거든요. 보다 다양한 집단을 타깃으로 설정했어도 됐겠지 만, 아침과 저녁이란 특수한 시간대를 선택해 직장인을 공략했습니다. 야근하는 이들의 마음을 달래주듯 심야에는 더 좋은 쿠폰을 발급해주기 도 하면서요. 다른 카풀 앱보다 풀러스가 직장인의 사랑을 많이 받는 이 유는 바로 여기에 있습니다. 똑같은 카풀 서비스지만, 앱 기획자가 타깃 의 특성을 잘 파악해서 운영하고 있기 때문이죠.

콘텐츠 홍보도 똑같습니다. 모두를 만족시키거나 모두에게 보여주겠다는 생각보다 자신의 예상 독자를 정확하게 파악하고, 그에 맞는 홍보 전략을 세워야 해요. 풀러스가 직장인 전용 쿠폰을 발급하는 것처럼 말입니다.

◉ 스토리를 입히자
공감으로 집중시키는 홍보법

여러분은 크리에이터가 독자 수를 늘리기 위해 이벤트를 여는 모습을 종종 본 적 있을 거예요. 한두 번 정도는 독자도 함께 즐길 수 있겠지만, 이벤트도 여러 번 진행하게 되면 결국 부정적인 반응이 나오게 됩니다. 독자에게 재미나 정보를 전하기보다 그저 크리에이터 자신의 이익을 달성하기 위해 제작된 콘텐츠에는 진정성이 결여돼 있기 때문이죠.

게다가 효과를 톡톡히 누리기도 어려울지 모릅니다. 이벤트 기간에만 반짝하고 구독하는 독자들 때문에 순간적으로 구독자 수가 늘어날 수는 있겠지만, 그것이 계속 유지되리라고는 보장할 수 없으니까요. 이런 구독자를 '체리 피커(Cherry picker)'라고 부릅니다. 자신의 실속만 차리는 소비자라는 뜻으로, 이들은 주로 이벤트에 당첨되기 위해 SNS를 하거나 여러 개의 가짜 계정으로 참여하는 사람들을 말하거든요. 따라서 진정한 구독자라고 말할 수 없을 겁니다.

단기간에 관심 받고 싶다는 생각을 이해 못하는 건 아니지만, 홍보에서도 콘텐츠의 개성을 지켜야 합니다. 독자는 '내' 콘텐츠만 보는 게 아니니까요. 생각해보세요. 만약 같은 주제를 다루는 A와 B라는 두 크리에이터가 '직장인'을 타깃으로 'USB 선물 이벤트'를 진행한다면 어떨까요? 두 콘텐츠를 모두 구독하는 독자는 이벤트에 참여해 상품을 받고 싶다는 생각을 할 수는 있어도 각 크리에이터만의 개성을 느끼기는 어려울 겁니다. 흔하게 사용되는 이벤트 방식이기 때문에 매력적이지도 않죠.

자기의 개성을 팍팍 넘치게 담아 홍보하는 콘텐츠를 한번 살펴봅시다. 최근에는 이마트와 티몬의 광고가 당연히 눈에 띕니다. 'SNS 광고는 무조건 짧게 해야 된다'는 기존의 고정관념을 완벽히 무너뜨리는 동시에 자신의 개성을 뽐냈기 때문이죠.

먼저 이마트의 세계주류 광고부터 살펴봅시다. 100원이라도 아끼려고 애쓰는 아내는 이것저것 사자고 조르는 철없는 남편 때문에 기어코 매장 한가운데에서 "그만 좀 보채"라며 소리를 지르고 맙니다. 그러다 아내는 계산을 할 때쯤 미안한 마음에 기분 풀자며 "맥주 하나씩"만 사오라고 제안하죠. 그 말에 기분이 바로 좋아진 남편은 정말로 이마트에 있는 '모든 맥주를 하나씩'만 가져옵니다. 카트에 한가득 싣고서 말이에요.

이 광고는 단순히 반전의 재미만 있었을까요? 여기에는 공감을 불러

알았어, 하나씩만 사 올게!

하나씩 사랑해~

일으키는 요소도 있습니다. 마지막에 맥주를 소개하기까지 아내의 심리 변화를 중점적으로 보여줍니다. 아내가 100원 단위까지 따져가며 장을 보는 모습은 소비자로 하여금 자연스레 감정을 이입하게 유도합니다. 주부라면 공감할 수밖에 없는 스토리를 입힘으로써 물품만 내세우는 기존 광고에서 탈피할 수 있었고, 반전의 묘미까지 선사해 잊지 않는 광고로 자리매김할 수 있었습니다. 이제 이 광고를 본 사람들은 '세계 맥주'하면 단박에 '이마트'를 떠올릴지도 모르겠군요. 홍보도 하나의 키워드를 선점하면 기억에 오래 남게 됩니다. 이런 효과를 만들기 위해서는 한 가지에 대한 스토리를 집요하게 전달해야 됩니다.

이번엔 티몬 슈퍼마트 광고입니다. 이 광고 역시 스토리를 입혀 홍보하고 있어요. 두 초등학생의 사랑 이야기를 그리며, 필요할 때 '딱!' 원하는 시간에 배송 받는 예약배송 제도를 참신하게 그려냈습니다.

스토리는 이렇습니다. 하은이에게 어렵고 힘든 일이 닥칠 때마다 수민이는 어디선가 '짠!' 하고 나타나 도와줍니다. 하은이의 눈엔 수민이가 백마 탄 왕자님보다 수십 배는 멋있게 보이죠. 그러다 사건이 일어나게 됩니다. 같은 반 친구들이 수민이에게 "너 이하은 좋아하지?"라고 놀려댈 때 "아니"라고 대답한 게 화근이었죠. 그 대화를 하은이가 엿듣고 맘

왜 자꾸 필요한 시간에 딱 맞춰 나타나서 잘 해주는데

티몬 슈퍼마트야?

니다. 결국 하은이는 수민이를 만나자마자 이렇게 소리치죠.

"왜 자꾸 필요한 시간에 딱 맞춰 나타나서 잘해주는데! 네가 무슨…
티몬 슈퍼마트야?"라고요. 앗! 흥미로운 스토리를 따라가다 보니 잊어
버리고 말았군요. 이것이 광고라는 사실을 말이에요. 영상이 시작된 지
1분 30초가 지나서야 이게 무슨 광고인지를 알게 됩니다. 영상을 본 사
람들은 두 초등학생의 사랑 이야기와 반전 있는 멘트에 결국 피식 웃
고 말죠. 그리고 마지막 장면에서 전학을 가는 수민이에게 채소 '가지'와
'마'가 티몬 배송으로 도착합니다. 광고가 끝나는 시점까지도 재미를 선
사하기 위한 노력이 돋보이지 않나요?

이 실험적인 두 광고는 페이스북과 유튜브에서 크게 성공합니다. 무
조건 짧은 분량으로 자극적이게만 승부하면 될 줄 알았던 SNS에서 티
몬과 이마트는 2분 40초 동안 재미난 이야기로 사람들의 흥미를 끌어냈
죠. 덕분에 광고를 거부감 없이 자연스럽게 받아들일 수 있었습니다.

앞으로의 홍보는 '스토리텔링' 요소가 더욱 중요해질 겁니다. 대뜸 "경
품을 드립니다!"와 같은 뜬금없는 이벤트나 "일단 잡숴봐" 하며 무작정
들이미는 홍보는 사랑받지 못할 거고요. 웹드라마가 더욱 발달하고 있
는 현 상황에서 독자들은 어느 정도 내용도 들어 있고, 기승전결의 구조
가 탄탄한 콘텐츠에 더욱 관심을 가질 테니까요.

여러분은 어떤 스토리를 담을 건가요? 답은 없습니다. 콘텐츠를 만드
는 사람은 여러분이니까요. 대신 독자가 여러분의 콘텐츠를 보고 '괜히
봤다'는 생각이 들지 않도록 유익한 이야기를 선사하세요.

✅ 지피지기면 백전백승
콘텐츠 성향 분석하기

가끔 자이언티의 〈꺼내 먹어요〉라는 노래에서 "집에 가고 싶죠. (집에 있는데도). 집에 가고 싶을 거야"라는 가사가 입에 착착 붙을 때가 있습니다. 출근했는데 바로 퇴근이 하고 싶은 날에 특히 그렇죠. 나만 이렇게 생각하는 줄 알았는데 직장 동료나 친구들과 이야기해보니 그게 아니었어요. 매일 야근하다가 칼퇴하면 오히려 집에 있기 어색해진다든가, 일요일 저녁만 되면 슬퍼하는 내 자신을 보고 병이 있다고 생각한다든가 하는 사소한 생각들이 서로 비슷했거든요.

순간 이 이야기들을 어딘가에 담아 사람들에게 선물하고 싶어졌습니다. 아주 싼 비용에 사람들과 쉽게 나눌 수 있는 게 뭐가 있을지 한참 고민하다가 결정한 것은 '엽서'였죠. 회사 생활 콘텐츠와도 어울리고 내 포스트를 구독하는 독자들도 좋아하겠다는 생각에 이벤트 공지를 올렸습니다. 그리고 그 주에 나는 때 아닌 포장 작업으로 지옥의 문턱까지 다녀왔습니다.

다행히 반응은 꽤 성공적이었습니다. 엽서를 받은 독자들은 기념으로 자신들의 책상 옆 파티션에 붙인 인증샷을 남겨줬죠. 우리 회사 직원들도 매일매일 엽서를 새로 바꿔 배치하곤 했습니다. 특히 대표님이 지나다니는 길목 벽면에는 일부러 "오늘이 금요일이면 참 좋겠다"가 큼지막하게 쓰인 엽서를 붙여놓기도 했죠.

단순히 재미있으려고 만든 엽서가 많은 사랑을 받았습니다. 성공적으로 끝마칠 수 있어 기분은 좋았지만, 사실 냉정히 말하자면 여기에는 세 가지 문제가 있습니다.

첫 번째는 엽서의 제 기능을 수행하지 못했다는 점입니다. 본래 간단한 글이나 편지를 써서 상대방에게 줘야 하는 거지만, 직장인이 공감하는 멘트가 엽서에 크게 쓰여 있다 보니 대부분 어딘가에 걸어두거나 회사 책상을 꾸미는 용도로만 사용했거든요. 다른 사람에게 주더라도 엽서로 활용하기보다는 기념품의 성격으로 선물했죠.

두 번째로는 연재하는 콘텐츠의 방향과 맞지 않았습니다. 엽서에 쓰인 멘트들을 보면 회사 생활을 하면서 느꼈던 슬픈 이야기들을 희화화했을 뿐, 사원나부랭이만의 좌충우돌이나 유쾌한 콘텐츠 개성은 보이지가 않아요. 그저 재미로만 제작했기 때문에 이 엽서는 사람들의 공감을 사는 데만 치중된 모습을 보인 점이 가장 큰 문제였습니다.

마지막으로 엽서의 하단에 배치된 회사 CI는 의외의 복병이었습니다. 실제로 독자가 누군가에게 선물했을 때, 사진 하단에 적힌 영어에 대한 질문을 받았다고 합니다. 단지 회사를 알리기 위해 CI를 삽입했던 것인데, 이를 누군가에게 설명해야 할 독자에게는 당혹스러운 일이었겠죠.

그래서 "지피지기면 백전백승"이라고 하는 겁니다. 자신의 콘텐츠가 갖고 있는 매력을 먼저 꿰뚫고 있다면 분명 홍보하는 데도 큰 도움이 될 거예요. 홍보를 하기 전에 어떤 수단이 콘텐츠와 독자의 성향에 어울리는지, 또 그 수단이 제 기능을 잘 발휘할 수 있는지를 살펴보세요. 여러분의 홍보 수단을 어디에선가 불현듯 마주쳤을 때 눈길을 사로잡을 수 있으면 더욱 좋습니다.

만약 나처럼 실수를 했더라도 자책하지는 마세요. 그보다는 문제점이 무엇인지 파악하고 해결점을 찾아보세요. 다음 기회가 찾아왔을 때 문제를 보다 쉽게 해결할 수 있을 겁니다.

✔ 그래서 내가 누구게?
대표할 수 있는 단어 정하기

비록 엽서로 콘텐츠를 홍보하는 과정에서 실수를 저질렀지만, 마침 이를 보완할 수 있는 새로운 기회가 생겼죠. 회사의 명함을 리뉴얼하는 작업을 맡게 됐거든요. 명함 작업을 부탁한 대표님의 요구사항은 간단했습니다.

"딱 봤을 때 '우와' 할 수 있었으면 좋겠다."

이 말을 했을 때 디자이너 분들의 표정을 잊을 수 없습니다. 모두들 굴리던 연필을 멈추고 멍하니 대표님을 바라보고만 있었으니까요.

명함은 자신을 남에게 소개하는 용도로 쓰이지만, 어떻게 보면 '나'를 홍보하는 측면으로도 볼 수 있습니다. 그렇기 때문에 조금 더 특별하게 만들고 싶었죠.

나는 생각을 한번 뒤집어봤습니다.

'차라리 전해야 할 콘텐츠를 바깥으로 빼낸다면?'

생각한 것을 토대로 직업의 특성을 잘 나타내면서도, 지난 엽서 제작 때 얻은 교훈을 최대한 활용해 명함을 만들기 시작했습니다. 우선 회사 내 부서의 성격에 맞는 워딩을 선정하고, 명함 크기에 맞는 작은 봉투들을 구매해 그 위에 문구들을 인쇄했죠.

이 명함 봉투의 가장 큰 장점은 상황에 따라 자신을 소개하는 워딩을 정할 수 있다는 겁니다. 아래 사진에서 볼 수 있듯 '콘텐츠 기획자' 직책을 갖고 있는 내가 활용할 수 있는 명함 봉투는 무려 여덟 개나 되죠. 다른 부서의 직원들도 마찬가지로 자신이 원하는 워딩을 그때그때 바꿔서

사용할 수 있습니다. 또한 직장을 옮기더라도 명함 사이즈에 딱 맞는 봉투로 제작했기 때문에 언제든지 쓸 수 있다는 장점도 있죠.

독자는 나를 간단한 단어로 기억합니다. "너 네이버 포스트에서 꾸준하게 회사 생활을 콘텐츠로 연재하는 사원나부랭이 알아?"라고 말하기보다는 "너 사원나부랭이 알아?"라고 짧게 말하죠. 그렇기 때문에 독자에게 자신을 기억시킬 수 있는 단 하나의 워딩을 심어줘야 합니다. 독자는 이 워딩을 통해 다른 사람에게 대신 소개할 수도 있고, 검색해볼 수도 있으니까요.

✔ 과감하게 드러내자
자신의 스타일을 지키는 홍보법

한 발레단에서 연락이 왔습니다. 사원나부랭이의 포스트에서 발레 공연 이벤트를 선보이고 싶다는 요청이었어요. 여가생활을 즐길 틈이 없는 회사원들에게 발레 작품을 보며 여유로움을 선물하고 싶다는 것이 목적이었습니다. 구독자들이 관심을 가지고서 편하게 보려면 이벤트 역시 사원나부랭이의 스타일로 하는 게 좋겠다고 판단했죠. 그래서 이벤트를 연재 형식과 동일하게 진행했습니다.

홍보를 목적으로 한 콘텐츠는 아무리 숨기려고 해도 티가 납니다. 굳이 숨겼다가 들통나서 독자의 비난을 듣기보다는 차라리 과감하게 홍보임을 드러내는 편이 좋습니다. 여러분은 그랬던 적 없었나요? 기존 연재물과 전혀 상관없는 이야기를 하다가, 나중에 알고보니 홍보 콘텐츠

유니버설 발레단x사원나부랭이
공연 초대 이벤트!

심청은 인당수에 빠지고
회사원은 발레에 빠지고

라서 허탈했던 적 말입니다. 반대로 홍보 콘텐츠임을 알고도 독자가 끝까지 봐준다면 그것은 자신만의 스타일을 잃지 않았기 때문일 겁니다. 콘텐츠 성격이 쏙 빠진 홍보 포스터 한 장만 달랑 올라왔다면 독자들은 고개를 갸웃거렸을 테고, 홍보 효과도 전혀 없겠죠.

나 역시 홍보 사실을 솔직하게 밝혔습니다. "심청은 인당수에 빠지고, 회사원은 발레에 빠진다"는 다소 유치하지만 발랄하게 라임을 맞춘 카피로 독자가 이벤트에 참여하도록 유도했죠. 물론 목적을 솔직하게 밝힌다는 게 좋은 것만은 아닐 겁니다. 어쨌든 홍보라는 상업성을 띄고 있으니까요. 그럴 때는 알찬 내용으로 보답하는 게 좋습니다.

콘텐츠를 홍보하는 와중에도 절대 여러분만의 스타일을 잃지 마세요. 콘텐츠에서 볼 수 있는 그림, 필체, 자주 쓰는 폰트 등은 모두 자기만의 스타일을 나타내는 요소들입니다. 홍보를 할 때에도 적절히 활용하면 친숙하면서도 새로운 콘텐츠를 만들 수 있을 거예요.

18

숫자

• • • • • • • •

틈틈이 시간을 내서 힘들게 만든 콘텐츠를 더 많은 사람들이 봐주면 얼마나 좋을까요? 콘텐츠를 만들다 보면 당연히 갖게 되는 바람입니다. 하지만 바람과는 달리 아무런 반응이 없으면 크리에이터의 마음에는 눈에 보이지 않는 상처가 가득 생길 거예요. 비교대상까지 있으면 더 암울할 겁니다. 다른 크리에이터는 따로 홍보도 안 했는데 잘되는 모습을 보게 되면 괜히 초조해질 테고요.

사람은 초조해지면 사리분별이 흐려지게 됩니다. 이때 아무리 개성을 잘 유지한 콘텐츠가 좋다는 것을 알아도 단기간에 드라마틱한 효과를 보고 싶다는 생각에 결국 바이럴 법칙을 따르는 실수를 저지를 수도 있습니다. 또한 내가 잘할 수 있는 이야기보다 독자가 요구하는 대로 연재하게 될 수도 있어요. 하지만 독자를 지나치게 신경 쓰게 되면 연재

범위가 점점 좁아지게 되고, 여러 사람의 입맛을 모두 다 맞추려고 하다 보면 콘텐츠의 핵심 메시지도 모호해질 수밖에 없습니다. 나중에는 콘텐츠를 연재하는 일이 즐겁기보다는 스트레스가 되겠죠. 그렇게 되면 콘텐츠 소재가 생겨도 독자에게 소개하고 싶다는 설렘보다는 '이걸 연재해도 될까?' 하며 연재에 대한 압박감만 더욱 커질지도 모릅니다.

크리에이터는 자신이 만든 콘텐츠를 누군가 보지 않을까 봐 늘 조마조마해합니다. 그런 불안한 심리를 교묘하게 건드리는 드라마틱한 홍보 방법에 매달리게 되면 오히려 자신의 불안 심리를 더 자극시키기만 할 뿐, 결코 좋은 처방전이 될 수 없습니다. 그런 마음이 들 때면 조회수 같은 숫자에 목숨걸기보다 콘텐츠 질 향상에 더 집중해야 해요. 물론 말처럼 쉽지는 않죠. 불안한 마음은 그대로일 테지만 그럴수록 노력해야 합니다. 두려움이 커질수록 콘텐츠를 계속 만들어낼 수 없기 때문이죠. 그러므로 거북이처럼 느리게 성장해도 과정을 겪어보는 일이 크리에이터에게 훨씬 더 중요합니다.

◉ 거북이가 토끼를 이긴다
기존 홍보 전략 버리기

기존에 널리 알려진 홍보 전략에는 무엇이 있을까요? 우선 인스타그램부터 살펴보죠. 드라마틱한 홍보 효과를 누리기 위한 방법에는 별 거 없습니다. 이미 많은 분들이 알고 있는 사실이기도 하거든요.

❶ 기존 인스타그램 홍보 전략

1. 모르는 상대의 사진에 '하트'를 누른다. 상대방도 내 피드에 하트를 많이 눌러주면 선팔을 한다. 그럼 상대방도 맞팔을 할 것이다.

2. 팔로잉 숫자를 관리하자. 누군가 나를 언팔로우 했다면 똑같이 대응하고, 자주 활동하지 않는 계정은 언팔로우해야 한다. 만약 수동으로 관리하기 힘들다면 유료 앱을 다운 받아 사용하자. 앱에서는 게시물에 하트를 많이 눌러주는 사람과 아닌 사람을 조회해볼 수 있다.

3. 꾸준히 모르는 사람의 피드에 "자주 놀러올게요"나 "맞팔 부탁드립니다"와 같은 댓글을 달자. 댓글 하나의 효과는 하트를 눌러주는 것보다 몇 배의 효과를 본다. 알림창이 서로 구분돼 있기 때문에 더 눈에 띈다.

4. 프로필은 전문가처럼 꾸미자. 연락하기 버튼도 추가하자. 전문가로 생각하고 신뢰가 생길 것이다.

5. 될 수 있으면 해시태그(#)를 많이 달자. #f4f, #daily, #selfie, #선팔, #맞팔 등 최대한 많이 달수록 유입 수를 높일 수 있다. 사진의 성격에 맞게 해시태그를 작성하면 더욱 좋다. 멋진 옷을 입었다면 '오늘의 착장(Outfit Of The Day)'의 준말인 #ootd를 꼭 추가하자. 그리고 나와 비슷한 해시태그를 쓰는 사람들의 피드에 들어가 하트를 누르고, 맞팔의 관계가 될 때까지 꾸준히 반복하자.

6. 가장 중요한 건 역시 사진이다. 감각적이고 세련된, 아주 고품격 퀄리티의 이미지로 가득 채우자. 예쁜 사진이 많을수록 사람들이 피드에 관심을 갖게 된다.

페이스북도 쉽습니다. 머리를 굴려 골똘히 생각하게 만들기보다는 금방 따라할 수 있는 방법들로 가득 차 있죠.

❷ 기존 페이스북 홍보 전략

1. 일단 다른 페이지의 콘텐츠 중 웃기거나 유익한 자료를 가져오는 것만으로도 이미 절반은 해결됐다.

2. 디자인은 매우 중요하다. 무조건 예쁘고 화려하게 만들자. 전문적으로 찍은 사진을 사용하는 것도 좋다. 이미지가 예쁘고 화려할수록 공유 횟수가 늘 것이다. 만약 기대했던 것만큼 공유가 안 된다면 사람들에게 공유하기를 요청하자.

3. 특정 시간대를 노려라. 오전 8시부터 정오 사이에 콘텐츠를 올리면 공유가 더 많이 된다. 페이스북 글의 86퍼센트는 평일에 업로드되며, 목요일과 금요일에 사람들의 참여가 가장 높다.
4. 긴 내용은 무조건 피해라. 사람들이 읽기 싫어하기 때문이다. 요즘 스낵컬처(snack culture, 짧은 시간 동안 간편하게 문화생활을 즐기는 새로운 문화 트렌드)가 유행하는 만큼 콘텐츠는 짧게 만드는 게 가장 좋다.
5. 감성을 유발하는 글을 쓰거나 사람들의 시선을 유도하는 자극적인 헤드라인을 쓰는 것도 좋은 방법이다. 모든 내용을 한 번에 보여주기보다는 호기심을 유도할 수 있을 정도로만 보여주자.
6. 팔로우가 많을수록 좋다. 이벤트를 자주 열면 단시간에 팔로우가 생긴다.
7. 사람들이 지겨워하지 않도록 콘텐츠의 형태를 다양하게 바꾸자. 영상, 카드뉴스, 텍스트 등 여러 가지 형태로 콘텐츠를 제작해 업로드하면 매번 새롭게 보일 것이다.

이제 마지막으로 살펴볼 곳은 바로 블로그입니다. 블로그는 바이럴의 꽃이라 할 수 있죠. 검색 노출과 조회수라는 두 마리 토끼를 모두 잡을 수 있기 때문입니다. 그러나 일단 검색이 돼야만 조회수도 높일 수 있기 때문에 한 가지만 잘 지켜도 충분합니다.

❸ 기존 블로그 홍보 전략

검색이 잘되는 키워드를 제목에 사용하자. 여기서 유의해야 할 점은 제목에 쓴 단어를 본문에도 많이 쓰게 되면, 일명 '저품질' 블로그가 된다. 그러므로 같은 단어를 3회 이상 쓰지 않아야 한다. 만약 검색을 해도 자신의 콘텐츠가 노출이 잘 안 된다면 저품질 블로그인 것은 아닌지 확인해봐야 한다.

이미 알고 있는 내용이라 시시했나요? 이제 여러분은 여기서 소개한 방법들만 피해도 좋은 홍보를 할 수 있을 겁니다. 우리는 처음부터 해시태그, 팔로우, 조회수를 목적으로 두지 않기로 했으니까요. 또한 이 전략에는 확인되지 않은 정보도 숨어 있습니다. 최근 네이버는 온라인에서 공공연하게 떠돌던 저품질 블로그나 포스트에 대한 오해를 바로잡기 위해 콘텐츠를 제작해 홍보하고 있어요. 덕분에 "본문 내용을 복사한 뒤 붙여넣기를 하면 검색에 안 나온다"와 같은 근거 없는 소문은 점차 사라지는 듯합니다.

대부분 이 전략을 사용하는 기업이나 개인은 팔로워 수나 조회수가 늘어나는 것 자체를 '성과'라고 생각합니다. 그러나 사람들의 SNS 소비 패턴이 지금과 같진 않을 겁니다. 앞으로도 계속 변할 테니까요. 또한 여러 사람이 이와 같은 방법을 남용한다면 독자가 알아서 거르는 콘텐츠가 되지 않을까요?

'자이가르닉 효과(Zeigarnik Effect)'라는 것이 있습니다. 심리학자 자이가르닉이 한 실험에서 유래된 이름이에요. 실험의 내용은 이렇습니다. 학생들을 A와 B그룹으로 나눠, 공통적으로 시험 문제 20개를 풀도록 지시했습니다. A그룹은 시험 문제를 모두 해결할 때까지 기다려줬지만, B그룹은 시험 문제를 풀지 못하게 방해했죠. 그 후 두 그룹 중 문제가 무엇이었는지 더 잘 기억하는 그룹은 어디인지 확인했습니다.

그 결과, 놀랍게도 B그룹이 A그룹보다 더 기억을 잘했죠. 더 신기한 것은 B그룹이 기억해낸 문제는 주로 중간에 그만둔 문제였다는 사실입니다. 이 실험에서 알 수 있듯, 사람들은 자신이 완성하지 못한 일을 훨씬 잘 기억합니다. 그것들을 완벽하게 해내고 싶어 하는 마음이 더 강하게 남기 때문이죠.

뭐든지 해결하지 못하는 일을 오래 끌기만 하면 병이 됩니다. 이럴 때는 결과가 어떻게 되든 일단 끝까지 해내는 게 낫죠. 콘텐츠를 제작하는 과정에서도 그렇습니다. '사람들에게 빨리 알려지면 더 좋겠다' 하는 미련이 생기는 것은 크리에이터로서 안정기를 찾지 못했다는 증거입니다. 목표를 '100개 연재'로 정하라는 이유가 바로 여기 있죠. 자신의 힘으로 해결할 수 없는 인기가 아닌, 노력만 하면 달성할 수 있는 목표로 불안 심리를 환기시켜 제작하는 데 원동력으로 작용하게 만드니까요. 그러면 정말 거짓말처럼 숫자는 따라오게 될 겁니다.

무리한 홍보를 하기보다는 독자가 여러분의 콘텐츠를 앞으로도 볼 수 있도록 만드세요. 계속해서 자신을 드러내고, 미처 전하지 못한 이야기는 다음 화에서, 또 그 다음 화에서 계속 이어지게 만들어 궁금증을 유발하는 겁니다. 그렇게 오래 지속하면 반드시 여러분의 든든한 팬덤이 생길 거예요.

✅ 중심을 잃지 마라
숫자에 현혹되지 않기

온라인에 기록을 남기겠다는 것은 자기만의 이야기를 다른 누군가에게 보여주고 싶다는 욕구이자, 관심 분야가 같은 사람들과 이야기를 나눌 수 있는 기회이기도 합니다. 그러나 유명한 크리에이터가 되는 것이 목적인 사람은 콘텐츠 자체도 잘 다루지 못할뿐더러 여러 채널만 잔뜩 만들어 자신의 운영 능력을 과시하기 바쁘죠. "나는 유튜브도 하고, 블로그도 하고, 페이스북 페이지도 운영해!" 하는 사람 치고 다 잘하는 사람은 한 명도 못 봤습니다. 홍보를 하는 과정에서 자괴감에 빠지지 않도록

이 두 가지만 지키세요.

첫째, 자신만의 '이야기'가 충분히 반영됐는지 먼저 살펴보세요. '나'라는 콘텐츠에서는 주로 자신이 겪은 이야기들로 구성됩니다. 하지만 신기하게도 다른 사람 역시 비슷하게 겪은 일인 경우가 많습니다. 내 이야기를 풀어놨을 뿐인데, 독자도 "어, 나도 그런 적 있었어요!" 하며 공감하는 경우들이 대개 그렇죠. 이러한 공감은 소통을 원활하게 만들고, 자연스레 이야기꽃을 피우게 해 친밀한 관계를 형성할 수 있도록 돕습니다. 이것은 곧 독자와 가까워질 수 있는 방법이기도 해요.

명절날을 떠올려보세요. 왜 친척들의 관심이 불편한지 생각하면 쉽게 이해할 수 있을 겁니다. 대부분 "취업은 언제 하냐", "회사는 어디 다니냐", "결혼은 언제 할 거냐" 등의 일반적인 대화가 많거든요. 어떤 공감대도, 이야깃거리도 만들 수 없으니 소통이 단절되고, 사이가 멀어지게 되는 건 아닐까요.

둘째, 다른 크리에이터와 '비교'하지 마세요. 사원나부랭이의 이야기 소재는 매회 다르지만, 결국 핵심은 '회사원'입니다. 밥을 먹고, 여행을 가고, 지하철을 타고, 귀여운 아기를 마주치는 등 다양한 에피소드들을 모두 회사 생활과 연결시키죠. 그러려면 남과 비교하려는 생각부터 없애야 합니다. 나조차도 연재를 할 때마다 동료 크리에이터의 콘텐츠를 보며 조회수나 댓글을 비교한 적이 종종 있었습니다. 눈에 바로 드러나는 것들을 비교하면 위로가 될 때도 있었으니까요. 하지만 불안한 마음을 완벽하게 달래주지는 못했죠. 더욱이 20PICK 에디터를 할 때는 홍보 걱정을 따로 한 적이 없었습니다. 직접 나서서 홍보하지 않아도 네이버 담당 매니저들이 일주일에 한 번 정해진 시간에 네이버 메인에 콘텐츠를 걸어줬으니까요. 그러나 20PICK 에디터 활동이 종료된 이후부터는 걱정이 이만저만이 아니었습니다. 이제부터는 홍보를 직접 해야 하는데, 막상 어떻게 해야 좋을지 전혀 감을 잡지 못했거든요. 기존 독자들은 내 콘텐츠에 계속 기대를 걸고 있고, 다른 크리에이터는 계속해서 성장해 나가는데, 어디서부터 발을 떼야 할지 알 수 없으니 초조함만 쌓였죠.

결국 내가 얻은 답은 딱 하나였습니다. "부담가지지 말고 지금처럼 나답게 연재하자"는 거예요. 그 말대로 늘 그래왔던 것처럼 매주 토요일에 레고로 회사 생활을 꾸준히 연재했습니다. 괜히 누군가를 의식해 콘텐츠를 만들거나 홍보를 과하게 하면 '내 콘텐츠'만의 매력을 잃는 일이라 생각했기 때문이죠. 그 덕분에 지금의 자리에 올 수 있었습니다.

경쟁심이 무조건 나쁜 것만은 아니지만, 자꾸 다른 크리에이터와 비교하기 시작하면 열등감이 생기게 됩니다. 그 열등감은 한 번 생기면 감당하기가 매우 어렵죠. 잊지 마세요. 여러분의 콘텐츠를 제일 사랑해줘야 할 사람은 바로 여러분이라는 사실을 말입니다. 눈으로 금세 나타나지 않아 가끔 답답하더라도, 조금씩 자기만의 노하우를 익혀 스스로에게 불만을 가지지 않는 것이야말로 현명한 방법이에요. 적어도 이 두 가지만 기억해두면, 숫자에 유혹당하더라도 금방 제자리로 돌아올 수 있을 겁니다.

Chapter 8

디지털 마당발이 된다

#사람과_사람을_잇는_콘텐츠

19

성장

● ● ● ● ● ● ● ●

온라인에서 알게 된 사람과 실제로 만난 적 있나요? 친구보다 더 절친한 사이가 돼본 적은요? 옛날엔 생소한 일이었지만 요즘은 그렇지 않죠. 너무나 흔한 일이 됐습니다. 온라인도 사람이 사는 공간인 만큼 그곳에서 만난 인연 역시 오프라인으로 이어지게 되거든요.

　네이버 포스트에 연재를 하면서 많은 크리에이터와 동료가 됐습니다. 실제로 만나보기도 했고요. 콘텐츠가 사람과 사람 사이를 잇는 매우 중요한 역할을 한 셈이죠. 그들과의 대화는 특별했습니다. 미처 몰랐던 부분을 서로 알려주기도 하고, 아무도 이해해주지 않았던 창작의 고통을 고개까지 끄덕여주며 공감해줬으니까요. 그때마다 진정한 내 편을 만났다는 기분이 들곤 했습니다.

　독자와 어떻게 소통하는지, 작업 시간은 얼마나 걸리는지 등 소소한 이야기부터 콘텐츠의 방향을 어떤 식으로 짜볼 것인가에 대한 심도 있는 토론까지 할 정도로 그들과 나눌 수 있는 이야깃거리가 가득 넘칩니다. 고등학교 동창과 이런 주제로 이야기를 나눌 수 있을까요? 아마 불가능할 겁니다. 이런 대화는 같은 직업군에 있기 때문에 가능한 거니까요.

온라인에서 연결된 인연이 오프라인으로 이어지게 만드는 일은 크리에이터로서 네트워크를 확장하는 과정이기도 합니다. 또한 여행을 통해 그 나라의 새로운 문화를 배우듯, 다른 크리에이터와 만나는 것은 내가 잘 알지 못하는 또 다른 문화를 접하는 것과 같습니다. 그런 단계들을 거치면서 크리에이터는 점차 성장해나가게 됩니다.

✅ 온라인에서 오프라인으로
나를 드러낼 수 있는 기회 확장

유명 연예인이나 스포츠 선수들은 기자들의 취재로 일거수일투족이 온라인에 기록됩니다. 그들 자체가 이미 브랜드이기 때문이죠. 하지만 우리는 어떻습니까? 대신 기록해주는 사람이 있나요?

우리는 스스로 기록해야 됩니다. "SNS는 인생의 낭비다"라고 외친 알렉스 퍼거슨(Alex Ferguson)은 그렇게 말할 만도 합니다. 그는 이미 그 자체로 브랜드니까요. 아이러니하게도 그 말 자체도 SNS의 연장선인 온라인에 기록돼 있지 않습니까. 누군가가 대신 남겨줬으니까요.

기록을 해야 하는 이유는 앞에서 많이 언급했지만, 크리에이터로서 능력을 증명할 수 있기 때문입니다. 꼭 크리에이터가 아니어도 여러 프로젝트, 과제, 공모전과 같은 경험들을 모두 온라인에 기록하세요. 스스로를 드러내는 방법이니까요. 또한 '나'를 가장 '나'답게 표현할 수 있는 수단이기도 하고요. 그렇게 열심히 만든 콘텐츠는 곧 자신의 '포트폴리오'가 될 겁니다.

처음 연재할 때는 조회수 10만 돼도 심장이 벌렁거려서 잠이 오지 않았었죠. 누군가 내 이야기를 봐준다는 것 자체가 신기했으니까요. 지금은 하루에 수만 명의 독자가 보는 포스트가 됐습니다. 포트폴리오라는 단어와 연결해보면, 하루에도 수많은 사람들에게 포트폴리오를 보여주는 셈이죠. 이 포트폴리오는 누구나 검색을 통해 살펴볼 수 있습니다. 콘텐츠를 보며 독자는 크리에이터가 어떤 사람인지를 알 수 있고요. 그렇다면 콘텐츠에서 알 수 있는 '나'의 정보에는 무엇이 있을까요?

❶ 끈기

콘텐츠는 거짓말하지 않는다. 기록되는 순간 시간순으로 정렬되기 때문이다. 매주 규칙적으로 올라오는 콘텐츠를 통해 크리에이터가 꾸준한 사람인지 아닌지를 판단할 수 있다. 또한 기간을 따로 맞추지 않고 들쭉날쭉하게 콘텐츠를 업로드하면 기존 독자는 연재를 기다리다 지쳐 구독 취소를 누르게 된다는 사실을 잊지 말자. 그러므로 업로드 주기는 꼭 정하길 바란다. 1주 1회, 1주 2회, 2주 1회 중 한 가지를 선택하는 것을 권장한다.

또한 만든 콘텐츠가 100개 정도 넘어가면 독자는 크리에이터를 '콘텐츠 전문가'라 여기기 시작한다. 나 역시 끈기 있게 콘텐츠를 제작한 결과, 자연스레 콘텐츠 기획 강의라는 기회가 찾아왔다. 콘텐츠에 대해 모르는 것이 없는 사람이라고 인정받은 셈이다. 강의를 통해 콘텐츠에 관한 생각들을 당당하게 펼칠 수 있었고, 이후 다양한 콘텐츠 활동을 접하게 됐다.

❷ 관심 분야

내 구독자라면 내가 얼마나 레고를 좋아하는지는 설명하지 않아도 다 알고 있는 사실이다. 레고로 연재하고 있고, 개인 SNS 계정에서도 레고 리뷰를 종종 남기기 때문이다. 이처럼 독자는 내가 가진 생각을 엿보고, 관심 분야에서 얼마나 전문성을 띠고 있는지를 알 수 있다.

❸ 평가

'사원나부랭이'를 검색하면 주로 연재와 강의에 대한 후기들이 나온다. 즉, 다른 사람의 콘텐츠를 통해 사원나부랭이에 대한 독자의 생각과 의견을 볼 수 있다. 또한 여러 사람의 입을 통해 사원나부랭이라는 사람을 널리 알릴 수 있는 기회도 생긴다. 혼자 잘나봤자 '나'에 대한 평가가 좋지 않으면 소용없다. 독자가 인정할 때까지 지속적으로 자신의 분야를 발전시켜야 한다.

콘텐츠를 통해 먼저 나를 숨김없이 드러내니, 수많은 사람들에게 나를 드러낼 수 있는 여러 기회들을 얻을 수 있었습니다. 덕분에 크리에이터로서 온라인에서 오프라인까지 활동 범위도 더욱 넓어졌죠. 신기하지 않나요? 사원나부랭이가 어느 대학을 졸업했는지, 학점은 얼마나 되는지는 독자에게 별로 중요한 사항이 아닐 겁니다. 대신 어떤 분야에 관심이 많은지, 그 분야에서 잘하고 있는지, 꾸준하게 하는지를 증명하는 것이 더 중요할 거예요.

분명 누군가는 여러분을 지켜보고 있습니다. 그 누군가가 잠재 고객일 수도 있고, 콘텐츠 의뢰인이 될 수도 있고, 여러분을 뽑아줄 회사의 인사담당자일 수도 있죠. 그들과 우리는 모두 온라인으로 연결돼 있습니다. 그렇기 때문에 "콘텐츠는 곧 포트폴리오"라고 설명하는 것도 비약은 아닐 겁니다.

'책'이라는 플랫폼을 통해 나와 여러분은 작가와 독자로 만나게 됐습니다. 여러분 중에는 나를 단 한 번도 본 적이 없는 분도 있을 거예요. 단지 책을 통해 나를 판단하겠죠. '이놈은 누구지? 뭐하는 놈이지? 믿어도 되는 걸까? 이 책이 과연 내게 도움이 될까?' 하며 끊임없이 의문을 가졌을지도 모르겠습니다. 마찬가지로 지금 이 순간, 디지털 플랫폼에서 콘텐츠를 보는 모든 독자 역시 이런 의문을 가지고서 크리에이터를 끊임없이 평가하고 따져보겠죠. 늘 새로운 콘텐츠를 원하는 독자는 크리에이터에게 보다 까다로운 잣대를 들이밀겠지만 두려워할 필요는 없습니다. 숨김없이 '나'를 드러냈다면 여러분의 가치는 이미 독자가 알고 있을 테니까요.

어느 구석에 박혀 있어도 스스로를 증명할 수 있는 유일한 수단은 바로 콘텐츠입니다. 이 콘텐츠를 잘 활용하세요. 일회성으로 끝나지 말고 100회, 200회, 300회 쭉쭉 이어지는 이야기여야 합니다. 더 이상 회사라는 폐쇄된 공간 안에서만 여러분의 기회를 찾지 말고 스스로 그 기회를 만들길 바랍니다.

✅ 자신 있는 일에 주력하자
내가 아니면 안 되는 이야기

'4차 산업혁명'은 어느 순간 갑자기 화제가 됐습니다. 여기저기서 4차 산업혁명을 대비하자며 목소리를 높이고 있지만, 이야기를 듣다 보면 '도대체 뭐가 혁명이란 거지?'라는 생각만 들죠. 기술만 봐도 그렇습니다.

4차 산업혁명 기술들

- 모바일, 클라우드 기술
- 컴퓨터 처리 능력 향상
- 새로운 에너지 공급 및 기술
- 공유경제

- 로봇 공학, 자율 운송
- 인공지능
- 첨단 제조, 3D 프린팅
- 첨단 소재, 생명공학

이 중에서 파격적이거나 새로운 기술이 있나요? 심지어 아직까지 대부분 진행 중에 있으며 검증된 기술도 별로 없습니다. 여기서 이상한 점은 따로 있어요. 독일은 스마트 공장, 중국은 제조업, 일본은 로봇, 미국은 클라우드 온라인을 중심으로 산업을 키우겠다고 자신 있게 공표했지만, 모두 각 국가에서 이미 진행하던 분야이자 가장 자신 있어 하던 분야였다는 겁니다. 한마디로, "지금까지 하던 거 조금 더 잘해보겠다"라고 할 수 있죠.

이것은 온라인 생태계에서도 해당되는 이야기입니다. 자체 콘텐츠의 중요성이 날이 갈수록 커지면서 다른 곳의 이야기를 재구성하는 것이 아닌, 스스로의 이야기를 만들어내는 능력이 중요해지고 있기 때문이죠. 결국 본질은 자신만이 할 수 있는 이야기를 찾는 겁니다. 그런 의미에서 크리에이터에게 줄 수 있는 가장 최고의 솔루션 또한 "다른 거 잘하지 말고 하던 거 잘하세요"가 될 수 있을 거예요.

그동안 만나본 독자들은 하나같이 내 콘텐츠에는 뭔가 특별한 게 있다고 말했습니다. 따지고보면 특별한 건 딱히 없어요. 누구나 회사에서 겪었을 법한 일들이었고, 사회초년생의 좌충우돌한 스토리였으니까요. 하지만 그 흔하디 흔한 이야기를 나답게 만들었고, 내가 가장 잘할 수 있는 이야기를 자신 있게 선보인 덕분에 좀 더 특색 있는 콘텐츠로 보일 수 있었던 겁니다. 그렇다면 여러분도 지금부터 '하던 걸 꾸준히 잘하려면' 어떻게 해야 할까요?

첫째, 오프라인에서 계속 '사건'을 만들어야 합니다. 콘텐츠 제작을 시작한 순간 눈에 보이는 모든 것들이 콘텐츠 소스로 보이는 것처럼, 특별한 경험이 아니더라도 주변의 모든 것을 사건으로 인식해야 해요.

둘째, 경험에서 얻은 '감정'이나 누군가를 만난 '이야기' 등은 놓치지 말고 자세하게 기록해야 합니다. 물론 세상의 모든 일을 다 기록할 수 있으면 좋겠지만, 적어도 자신과 관련된 분야만큼은 놓쳐선 안 됩니다. 그러기 위해서는 기억에서 사라지기 전에 기록으로 잡아두는 습관을 길러야 되겠죠.

사건은 기다린다고 생기지 않습니다. 더도 말고 덜도 말고 오늘 있었던 일을 딱 다섯 가지만 적어보세요. '나'라는 콘텐츠에서 다섯 개의 소재를 만들어보는 겁니다.

오늘 있었던 일 5가지

1.

2.

3.

4.

5.

소재를 찾았다면 이제 "어떻게 참신한 방법으로 전달할 수 있을까?"를 고민해야 합니다. 토크쇼에 등장해 화려한 입담을 자랑하는 연예인들이 사랑받는 이유는 그들만의 경험을 '맛깔나게' 표현하기 때문이죠. 온라인 콘텐츠로 바꿔 말하면, '소재를 자기에게 맞는 방법'으로 전했기 때문입니다.

콘텐츠를 제작한 지 꽤 오랜 시간이 지났는데도 처음 만든 콘텐츠와 실력 차이가 없다면, 더 좋은 방향으로 발전할 수 있는 방법에 대해 고민해본 적이 없는 것과 마찬가지예요. 독자의 댓글이 제작 활동의 원동력이 되거나 콘텐츠에 직접적인 도움이 될 수도 있겠지만, 그전에 자신의 콘텐츠에 대한 명확한 정의를 내릴 수 있어야 합니다.

지금까지의 내용을 종합해 콘텐츠 개성을 살리기 위한 여덟 가지의 질문을 준비했습니다. 이 질문들은 여러분이 콘텐츠를 연재하는 데 중요한 바탕이 되는 첫 단추가 될 거예요. 여덟 가지 질문에 스스로 대답해보며 다시 한번 자신의 콘텐츠에 대해 깊이 생각해보세요.

콘텐츠 개성을 살리기 위한 8가지 질문

1. 일상에서 어떤 방식으로 소재들을 발견하고 있는가?
2. 당신의 콘텐츠는 다른 콘텐츠와 어떤 점이 다른가?
3. 예상 독자는 누구이며, 그들은 어떤 플랫폼에 주로 모여 있는가?
4. 독자와 온라인 커뮤니케이션(댓글, 이메일 등)이 활발하게 이뤄지고 있는가?
5. 홍보하는 과정에서 자신의 콘텐츠 정체성을 어떻게 지키고 있는가?
6. 콘텐츠와 관련해 오프라인에서는 어떤 활동을 하고 있는가?
7. 당신을 도와줄 동료 콘텐츠 크리에이터는 누구인가?
8. 콘텐츠가 당신을 대신할 수 있는가?

20

직업

· · · · · · · ·

처음에는 분명 가벼운 마음으로 시작했을 거예요. 꾸준히 하다 보니 점점 많은 독자가 봐주는 콘텐츠가 됐을 테고요. 하지만 그때가 되면 더 이상 취미가 아닌 직업으로서 콘텐츠를 대하기 시작할 겁니다. 아무도 내 콘텐츠의 진가를 알아주지 않을 때는 엉망진창으로 연재해도 크리에이터 자신만 만족하면 그만이었겠지만, 사람들이 하나둘씩 봐주기 시작하면 자신의 만족이 아닌 사람들, 즉 세상의 기준에 맞춰서 연재를 해야 될 테니까요. 그러면 취미일 때는 재미있던 일도 직업이 되는 순간 마냥 즐거울 수만은 없게 되죠.

가장 먼저 맞닥뜨리는 문제는 바로 '귀찮음'입니다. "그래, 오늘은 집 가서 콘텐츠 만들어야지!"라고 다짐해도 막상 집에 오면 하기 싫어지게 되는 겁니다. 일처럼 여기게 됐으니까요.

두 번째 문제는 '잘 모른다'는 겁니다. 막상 콘텐츠에 대해 아는 게 없다는 사실을 깨닫게 되는 거죠. 혼자서 헤쳐 나가자니 도와주는 사람도 없고, 혼자 덩그러니 세상에 남겨진 기분이 들 겁니다. 독자도 어느 정도 생겼고, 콘텐츠도 꽤 쌓였는데 지금처럼 똑같이 콘텐츠를 제작해도 될지, 새로운 시도를 하지 않으면 혼자 도태되는 건 아닌지 하는 두려움에 슬럼프에 빠지기도 해요. 이 고민에서 하루빨리 벗어나지 못하면 '내 길이 아닌 것 같다'는 결론만 남은 채 콘텐츠 세계에서 사라지게 됩니다.

세 번째는 '얇은 귀'입니다. 다른 크리에이터와 만나게 되면 많은 노하우를 듣게 될 겁니다. 그러다 이것도 하고 저것도 하면서 스스로의 영역을 넓히고 있다는 사실을 들으면 '나도 열심히 해야지!'라는 마음보다는 '나는 왜 진작 그렇게 하지 않았을까?' 하고 자괴감부터 들겠죠. 하지만 모든 것을 새겨들을 필요는 없어요. 오히려 콘텐츠의 개성을 해치게 만들 수도 있으니까요. 또한 "이렇게 하면 독자가 많이 생긴다더라"와 같은 유혹도 피하세요. 한 번 빠지면 헤어나오기 힘들기 때문입니다.

콘텐츠가 자신의 '일'이 되는 순간부터 닥치는 문제들은 여러분이 모두 극복해나가야만 합니다. 지금 당장은 자신이 쏟아부은 노력이 미미해보일 수도 있습니다. 아무도 알아주지 않고 고생만 사서 한다는 말도 들을 수 있죠. 그러나 잘나가는 콘텐츠를 보며 조바심 내고 무작정 따라 할 것이 아니라 자신의 실력을 눈에 보이는 증거로 만드는 것이 중요합니다. 즉 콘텐츠 포트폴리오를 만들길 바랍니다. 급하게 만들 필요는 없어요. 나도 3년 넘게 그 과정을 겪고 있으니까요.

✅ 취미 생활에서 직업으로

진정한 크리에이터의 길

내 경우에는 콘텐츠가 더 이상 취미 생활이 아닌 직업으로 바뀌면서 이제 출판으로까지 영역을 키울 수 있었습니다. 온라인상에 콘텐츠를 올리면서 사람들과 소통했을 뿐인데, 이렇게 책까지 쓸 수 있게 됐으니 정말 행복한 일이 아닐까요?

여러 경험을 거치면서 오늘날의 노하우를 갖게 됐지만, 언제까지 이비법이 유효할지는 아무도 모릅니다. 그러나 분명한 것은 어떤 한 가지를 취미로 대하는 사람과 일로 대하는 사람의 실력은 뚜렷하게 차이를 보인다는 거예요. 그런 의미에서 마지막으로 여러분에게 알려줄 이야기는 바로 '콘텐츠를 직업으로 대하는 방법'입니다.

❶ 시간 지키기

가장 쉬우면서도 가장 어려운 약속이다. 콘텐츠를 제작하는 일은 독자와의 약속이다. 콘텐츠를 봐주는 독자가 몇 명인지보다 더 중요한 것은 콘텐츠를 기다려주는 사람이 있다는 사실이다. 한 명이 보든, 백 명이 보든 콘텐츠 업로드 시간을 정해 프로필에 적어두자.

❷ 모든 과정을 소중히 여기기

콘텐츠를 만드는 순간 산전수전 별별 일이 벌어진다. 자타가 공인할 만큼 잘 만든 콘텐츠인데도 누군가가 악플을 달 수도 있고, 재미있는 소재를 이용했는데 누군가의 아이디어를 베꼈다며 오해받을 수도 있다. 하지만 이런 일들을 겪다 보면 대처 능력이 생기게 된다. 또한 이런 능력을 다른 사람에게 전할 수 있게 되면 자기만의 노하우로 여길 수 있다.

❸ 잘못된 노하우 피하기

"콘텐츠 제작만 하면 무조건 유명해진다"는 식의 잘못된 노하우는 가급적 피하길 권유한다. 질 좋은 콘텐츠 만드는 법을 알려주기도 전에 "이렇게 만들면 공유가 잘 된다", "저렇게 홍보하면 잘 된다", "선례를 연구해봤는데, 이렇게 하면 유명한 크리에이터가 돼서 돈을 잘 벌 수 있다"와 같이 콘텐츠를 비즈니스적으로 접근하는 방식은 분명 잘못됐다. 콘텐츠를 만드는 일이 그렇게 쉽다면, 그리고 돈을 버는 게 그렇게 간단하다면 5,000만 국민 모두 진작 크리에이터가 됐을 것이다.

수없이 이야기해온 방법들입니다. 하지만 이 세 가지만 지킬 수 있다면 콘텐츠가 취미 생활에서 직업으로 바뀌어도 큰 무리 없이 여러분만의 길을 개척할 수 있을 거예요. 오늘부터 콘텐츠를 만들기로 다짐했나요? 그렇다면 이제부터 여러분이 기획한 콘텐츠는 더 이상 취미가 아닙니다. 시간이 남을 때나 만드는 여가생활도 물론 아니죠. 그러므로 자신의 색깔을 찾는 데 주력하길 바랍니다. 여러분이 꾸준히 기록한 콘텐츠의 합은 여러분이 누구인지를 증명하는 지표가 될 테니까요.

지금까지의 내용을 바탕으로 작성할 수 있는 콘텐츠 연재 기획안을 제시합니다. 여러분의 콘텐츠를 한 장으로 설명할 수 있는 기획안이기도 해요. 단순히 "콘텐츠를 만들겠다"가 아닌 세심한 액션까지 고민해보길 바랍니다. 또한 추상적인 단어를 사용하는 것은 지양합니다. 예를 들어 '나는 6개월 안에 콘텐츠 정체성을 찾겠다'와 같은 것이 있다면 목표를 거창하게 설정한 거라 할 수 있죠. 가능한 손에 잡히는 목표를 정하세요. 그것을 하나하나 이뤄가면서 콘텐츠를 만드는 즐거움을 느낄 수 있도록 말입니다.

무엇보다 이미 작성해놓은 기획안을 나중에 수정하는 일은 없길 바랍니다. 한 번 수정하기 시작하면 기존에 정해둔 컨셉이나 전하고자 하는 메시지까지 변동돼 결국 콘텐츠의 정체성이 흔들릴 수밖에 없습니다. 확실한 콘텐츠 연재 방식을 정하지도 않은 채 섣불리 바꾸기보다는 처음 작성할 때부터 신중하게 고민한 뒤 빈칸을 채워나가길 바랍니다.

자, 콘텐츠 크리에이터가 된 것을 진심으로 축하드립니다!

항목	내용
특징	• 좋아하는 것:
	• 잘하는 것:
	• 소재:
컨셉	• Advantage 같은 주제의 콘텐츠와 비교하면 무엇이 강점인가?
	• Benefit 독자에게 어떤 혜택을 줄 수 있는가?
	• Rule 연재를 하면서 꼭 지켜야 할 사항은 무엇인가?
독자 설정	
콘텐츠 제목	
닉네임	
핵심 메시지(카피)	

주제 분류	
연재 주기	A. 1주 1회 (____요일) B. 2주 1회 (____요일) C. 기타: _____ (____요일)
플랫폼	
사용 툴	
단계별 목표	• 단기(3개월) • 중기(6개월) • 장기(1년)
목표 점검	• ____화까지 연재했을 때 독자에게 어떤 모습으로 기억되길 바라는가? (즉, 독자에게 어떤 말을 가장 듣고 싶은가?)

조회수 0, 여전히 불안한 당신에게

원고를 쓰는 일은 쉬운 일이 아니었습니다. 매번 마감일을 지키지 못했거든요. 세상에는 왜 이렇게 재미있는 게 많은지 원망스럽기까지 했죠. 인터넷이나 휴대폰만 켜면 재미있는 것 투성이다 보니, 여러 콘텐츠들을 보느라 원고 마감을 놓치는 일이 허다했습니다. 핑계라고요? 정말 그랬으면 좋겠습니다. 원래 과제는 미뤄야 제맛이고, 마감일이 가까워질수록 술술 써지는 것 아니겠습니까? 음, 이건 핑계입니다. 편집자의 한숨 소리가 여기까지 들리는 것 같네요.

출발점에 선 사람들에게는 항상 불안한 마음이 뒤따릅니다. 나도 처음 콘텐츠를 시작했을 때 그랬습니다. 혼자서 모든 걸 해결해야 하는 1인 크리에이터로 활동하는 일은 말처럼 쉽지만은 않더라고요. 거기에 조회수나 구독자 수와 같은 숫자가 눈에 밟히면 '내가 정말 잘하고 있는 걸까?' 하는 생각까지 들었습니다. 그래서 처음 콘텐츠를 시작하려는 여러분께 도움을 주고 싶었어요. 그동안 콘텐츠를 만들며 터득한 노하우들을 알려주면서 말이에요. 실제로 강의를 통해 이런 정보들을 공유하곤 했습니다.

처음 진행한 강의가 바로 'Mouse로 완성하는 Mouth'였습니다. 네이버 포스트에 강의 공고를 올려 수강생을 모집했어요. 나를 믿고 신청해준 분들이 많이 있다는 사실에 무척 감동받기도 했고, 그만큼 내가 가진 모든 노하우를 알려줘야겠다는 열의도 생겼죠. 덕분에 커리큘럼도 점차 체계를 잡아갔습니다. 강의를 진행하면 할수록 욕심이 늘었고, 좀 더 전문적으로 콘텐츠를 다뤄보고 싶다는 생각에 관련 공부를 시작했습니다. 그래서 현재는 회사 생활과 병행하며 대학원에서 콘텐츠 수업을 듣고 있어요. 덕분에 머릿속에만 차곡차곡 쌓이던 지식들을 한 번에 정리할 수 있었습니다.

마지막으로 여러분께 남기고 싶은 말은 "지금 당장 눈에 보이는 성과가 없더라도 슬퍼하기에는 이르다"는 거예요. 콘텐츠를 하나하나 쌓아가며 천천히 배우는 일이 더 중요하기 때문입니다. 그런 의미에서 콘텐츠 크리에이터는 '시간을 기록하는 예술가'라고 표현하고 싶어요. 온라인상에 콘텐츠를 올리는 순간 업로드한 날짜와 시간이 모두 기록되고, 동시에 크리에이터로서 살아온 흔적도 남게 되니까요. 그것을 통해 누군가는 특별한 보상을 얻게 될 수도 있고, 쌓인 콘텐츠만큼이나 발전한 자신의 모습을 발견할 수도 있어요.

게임을 생각해보세요. 높은 레벨이 되려면 하루에도 몇 시간씩 게임하는 데 시간을 보내야 되고, 무엇보다 게임이 질려서 도중에 그만두면 영원히 그 레벨에 머무르게 됩니다. 콘텐츠도 마찬가지입니다. 한두 개 만들고 아무런 반응이 없다고 해서 포기하면 어떨까요? 콘텐츠를 만들기 위해 공들였던 시간이 의미 없어지고, 발전할 가능성도 멈춰버리겠죠.

물론 콘텐츠를 만드는 일은 쉽지 않습니다. 콘텐츠를 만들자마자 금세 유명해질 거라는 상상은 얼마 지나지 않아 실망으로 바뀌게 될 겁니다. 마음처럼 쉽게 유명해지지 않을 테니까요. 또한 점차 실력이 늘수록 콘텐츠의 완성도를 높이려는 욕심도 커져서 제작하는 시간이 더 길어지게 되고, 나처럼 직장에 다니는 사람이라면 남들 퇴근해서 쉴 때도 집에서 콘텐츠를 제작해야 되는 상황이 찾아올 수 있습니다. 아무리 좋아하는 일이라도 크리에이터가 받는 스트레스는 상당합니다.

콘텐츠 제작을 시작한 사람은 무척 많았지만, 현재까지 자신만의 이야기를 멋지게 이어가는 사람은 몇 없습니다. 이유를 물어보면 하나같이 이렇게 대답하죠. "나는 콘텐츠랑 맞지 않는 것 같아"라고요. 더 정확하게는 이렇게 말하고 싶었을 거예요.

"(솔직히 콘텐츠를 만들면 곧바로 사람들 반응이 빵빵 터지고 댓글도 많이 달릴 줄 알았는데, 이게 웬걸. 조회수 100은커녕 10도 넘기기 힘들더라. 그리고 만들 시간도 없어. 뭔가 자꾸 할 일이 생기고, 뭘 연재할까 생각만 하다 보니 하루하루가 너무 피곤해. 돈도 안 되고 말이야. 그래서) 나는 콘텐츠랑 맞지 않는 것 같아."

눈에 보이는 성과가 금방 나타나지 않아 속상한 마음 이해합니다. 하지만 성급한 마음으로 콘텐츠를 제작하는 것은 위험합니다. 그럴 경우 자기만의 차별화된 소재나 주제, 컨셉 등 콘텐츠의 질 향상에 도움이 되는 고민보다는 '어떻게 하면 자극적이고 노출이 잘 될 수 있을까'만 머릿속에 맴돌게 되거든요. 그 생각이 잦아질수록 결국 매번 새로운 것을 만들어내는 크리에이터의 일이 지루해질 테고, 그만두게 되는 최악의 상황까지 이르게 될 수 있습니다. 그러므로 우리는 "급할수록 천천히 돌아가라"는 말처럼 목표 설정부터 기획, 제작, 홍보까지 기본부터 차근차근 단계를 밟아가는 것이 중요하다는 사실을 잊지 말아야 합니다.

이제 여러분만의 '콘텐츠의 정석'을 만들 차례입니다. 더 이상 남들이 만든 콘텐츠 법칙만 좇아가지 마세요. 크리에이터라면 누가 뭐라고 해도 흔들리지 않는 뚝심이 있어야 합니다. 지금부터 마라톤을 달린다고 생각하세요. 42.195킬로미터를 자기 페이스로 쉬지 않고 달리는 것처럼 콘텐츠를 부지런히 만들어봅시다. 결승선은 저 멀리 보이지 않는 곳에 있지만, 언젠가 그곳에 닿을 수 있을 거예요. 응원하겠습니다.

#누구든지_끌리게_만드는

콘텐츠의 정석

초판 1쇄 발행 2017년 11월 22일
초판 3쇄 발행 2018년 11월 28일

지은이 장근우
펴낸이 정용수

사업총괄 장충상 **본부장** 홍서진
편집주간 조민호 **편집장** 유승현
책임편집 진다영 **편집** 김은혜 이미순 조문채
디자인 김지혜
영업·마케팅 윤석오 이기환 정경민 우지영
제작 김동명
관리 윤지연

펴낸곳 ㈜예문아카이브
출판등록 2016년 8월 8일 제2016-000240호
주소 서울시 마포구 동교로18길 10 2층(서교동 465-4)
문의전화 02-2038-3372 **주문전화** 031-955-0550 **팩스** 031-955-0660
이메일 archive.rights@gmail.com **홈페이지** yeamoonsa.com
블로그 blog.naver.com/yeamoonsa3 **페이스북** facebook.com/yeamoonsa

ⓒ 장근우, 2017
ISBN 979-11-87749-48-6   03320